運のいい人の習慣

幸運を引き寄せる80の「つぶやき」

樺 旦純
Kanba Wataru

KKロングセラーズ

まえがき

世の中には、**「運がいい」**と言われる人たちがいる。

どうみても、能力的にはそれほど大きな差があるとは思えないのに、一方はなぜか「運」に恵まれ、人生をどんどん好転させていく。他方は、なぜかツキに見放され、貧乏くじを引いてばかりいる……。

この**「運がいい、悪い」の差はいったい何によるのだろうか？**　幸運の女神のたんなる気まぐれに過ぎないのだろうか？

もちろん、そんなことはない。実は、「運がいい」と言われる人たちと、ツキに見放されている人とをよくよく見比べてみると、大きな違いを見て取ることができる。つまり、身の回りで同じことが起きても、そのことに対する考え方、行動、対応方法がまるで違うのだ。私はそんな事例を数多く見てきた。そして、「運」がいいと言われる人たちには、一定の「共通する考え方、生き方」があることがわかった。

では、運が悪い、ツキがない人はそのような考え方を持っていない以上、諦めるしかないのだろうか？


いや、もちろん諦める必要など何もない。

いまからでも決して遅くはない。「運」のいい人の生活習慣をとことん知り尽くし、自分との違いを認識し、「運がいい」と言われる人たちの行動をあなたも習慣化できるようになれば、あなたの生活は一変するのである。

「運がいい」と言われる人は、ふだん、どんな姿勢で生きているのか、人とはどのように接しているのか――それを徹底して知り、それを実際にあなた自身の習慣にまですることで、あなたも結果的に「**運を呼び込み、自分の夢を叶えられる**」ようになる。あなたの思い描いている人生を歩むことが可能なのだ。

運がいい人・悪い人の事例を検証し、どんな習慣を持てばいいのか――それを心理学をもとにノウハウとして提案していくのが、本書の役目である。

運は突然、天から降ってくるものではない。たしかに、人の生死や天災などは、人間の力ではどうにもならないことだが、恋愛や仕事、対人関係などは、人間の意思や行動でいくらでも変えていくことはできるのだ。

「何か新しいことに挑戦したい」
「自分の可能性をもっと試してみたい」
もし、あなたがそう思っているのなら、いまがまさにその転機である。

幸せな人生を送るには「自分の人生は自分で切り開いていく」と信じ、前向きな考え方に切り替えることが大切だ。「必ずデキる！」というプラス思考を習慣づければ、行動にも自信が湧いてくる。それがプラスの結果を招きやすくし、人々にも好印象を与え、人間関係もうまくいくようになる。

この本では、自分を生かす方法や、良好な人間関係をつくるための秘訣などについても、具体的にまとめた。あなたが運を呼び込むうえで、これらはきっと役立つはずだ。

「運」は偶然、あなたのところにやって来るのではない。「運」はあなた自身が呼び込むもの、引き寄せるものである。「運」を呼び寄せるノウハウ、引き寄せる習慣をぜひ、本書で身につけていただきたい。

人生はたった一度きりである。その人生をより豊かに楽しめるものにできるかどうかは、すべてあなた次第である。本書との出会いが、あなたの人生を変える一つのチャンスになってくれれば幸いである。

樺 旦純

目次

第一章 運命を好転させるつぶやき

第二章 運を引き寄せるつぶやき

第三章

願望をかなえるつぶやき

第四章 チャンスを掴むつぶやき

第五章 自分を変えるつぶやき

第六章 自分を活かすつぶやき

第七章 良好な人間関係を築くつぶやき

第一章

運命を好転させるつぶやき

1 運命は変えられる 変えられる 運命は自分でつくっていくものだ

「あなたは何のために生きていますか？」

アンケートにそんな質問があったら、あなたならどう答えるだろうか。おそらく、「そこそこ生活していればいい」と考え、とりたてて良いこともない代わりに悪いこともない毎日を送っている人が多いのではないかと思う。

そんな中で、「生きていれば、良いことの一つや二つはあるだろう」と思っているのかもしれないが、運命は受け身的な姿勢では決して良くならない。

運命は、自分でつくっていくもの――今の、この瞬間の心のもち方が大切なのである。

幸福になりたい。誰もがそう望んでいるにちがいない。しかし、自分の思い通りにはいかないのが世の中だ。社会、組織、仕事、人間関係……あらゆるものに壁があり、はね返されているうちに、個人の力がいかに弱いかを知らされる。

それが繰り返されると、「長いものには巻かれよ」とあきらめムードになってくる。不満を抱え、毎日に物足りなさを感じている人は多い。では、何が欠けているのか。

つまり、私たちにとって欠けているものがあるとすれば、金や地位、名誉、評価などではない。それらは一つの目標になるかもしれないが、それが満たされれば、今度は別の不安や不満を抱え込む。

欠けているものは、もっと本質的なものだ。

充実した毎日を送り、自分らしく生きること。さらに、他の人々とも幸福を分かち合え、満足した人生を送ること。これに尽きるのではないだろうか。

自分の人生に欠けているものが何かを見極め、それを満たしていこうとする人は、幸運を手にすることができる。

運命は与えられるものでなく、自分自身でつくり上げていくもの——そう考えて、目的を定め、達成しようと努力している人に運は開けるのである。

2 幸せをつくる この手でつくる 自分でつくる幸福は、決して裏切らない

初詣に神社の前で手を合わせる時、あなたは心の中で何を呟くだろうか。

「どうか幸せになれますように」「今年はいいことがありますように」

多くの人は、そう拝んでいるにちがいない。神頼みを否定するわけではない。しかし、幸福は誰かが与えてくれるものではない。英語では幸福になることを、「MAKE A HAPPINESS（幸せをつくる）」と表現する。

幸福とは天から降ってくるものではなく、自分の手でつくりだすもの、という信念を持っているのである。

アメリカの心理学者ド・シャームによると、人間には二種類いるという。一つは、自分

の運命を支配しているのは、自分自身だと考える人だ。結果が良くても悪くても、自分のしたことは自分に責任があると考える。もう一つは、その反対で、自分の運命は他人が握っていて、自分は振り回されていると感じている人だ。

ド・シャームは前者を「指し手（オリジン）」、後者を「駒（ポーン）」と呼んでいる。ビジネスパーソンはしょせん将棋の駒だと言う人がいるが、まさにその駒的立場なのである。

この二つの心的状態は、動機や行動も対照的だ。「指し手（の人）」は積極的かつ楽観的で、自分には潜在的な力があると信じている。

一方、「駒（の人）」は消極的で決断力に乏しく、自信に欠け、自分は無力だと感じている。言いたいことがあっても言わず、ひたすら保身に回って、「他の人たちと同じように、おとなしくしていれば安全」と考える。家庭でも同様で、「こんな人と結婚したから……」「女房が反対するから……」と人に責任を押しつけ、被害者意識を強くする。

もし、あなたが経営者だったら、どちらの人間を採用するだろうか。弱気の人間にツキはやってこない。「会社に雇ってもらっている」という意識で、ただ与えられた仕事をしているだけの人には、いつまで経っても運はめぐって来ないのだ。

3 当たるも八卦、当たらぬも八卦 運は自分がつくりだすものだ 運は自分がつくりだすものである

世の中がどんなに不景気になっても、占いがすたれたという話は聞いたことがない。未来を案じる人々が増えて、むしろ繁盛しているぐらいである。大昔から、人は運を予見する占いに頼ってきた。運命論者は、人の運命は生まれる前から既に決まっていると言う。先祖の行いによって、運も左右されると言う人がいるが、それでは、良い運の持ち主はさして努力しなくても良い人生を、悪い運の持ち主は何もしなくても悪い人生を送らなければならなくなる。

「当たるも八卦、当たらぬも八卦」というように、占いなどアテにならない。運はその人がつくりだすものである。

「運命を決定するものは、その人が自分自身をいかに理解しているかということである」と言ったのは、アメリカの作家ソローだが、運の善し悪しも、出来事よりむしろ、考え方にかかっている。自分は運がいいと思えば良くなるし、悪いと思えば悪くなるものだ。

占いがよく当たるように思えるのは、人は、必要な情報だけを選択し、それだけを判断材料にすることが多いからである。

もう一つ、占いを信じやすい人は自己暗示にかかりやすい。自己暗示にかかると潜在意識に作用し、行動にも影響する。たとえば、福耳は金持ちの相だと言われる。福耳だから金持ちになるのではなく、「そうか、俺は将来金持ちになるんだ」と思いながら育ち、なるべくお金がたまるように努力していたら、本当に金持ちになったと考えることもできるだろう。占いの内容ではなく、その人がそれを信じることで、その通りになるのである。

人間は自分にとって都合のいいことだけを信じ、嫌なこと、不快なことは忘れる。占いも、全面的に否定せず、自分に都合のいいことだけを信じればいい。

占いによっては、「短気な面が出ると人と衝突する」というように、短所を指摘するものがあるが、思い当たる部分があれば、気をつけて直すようにすればいいのだ。そう用いれば、対人関係をより良くするための参考として、有利に活用できるのではないか。

4 言い訳をするな 素直に認めよ まず謝るのが先決だ

言い訳は、信用を落とすだけ

私たちは良くないことをしたり、失敗したりすると、つい言い訳がましいことを口にしてしまうことがよくある。電車が遅れたので遅刻してしまった、かかってきた電話が長引いて会議に遅れた、上司の指示が悪いので仕事でミスした……。ごくたまにならまだしも、いつもこんな調子では、周囲もうんざりしてくる。

何かにつけて言い訳をする人は、外罰的傾向が強く、すべて自分以外の人や環境のせいにする。自分を守るために、他に責任を押しつけているわけだが、むしろ逆効果。言い訳をすればするほど信用を失くしてしまうことになる。

言い訳というのは、良くないことをした場合、認めはするものの、それは決して自分の落ち度ではないと主張することをいう。言い訳や理屈をつけることで、「私は悪くない」と主張し、自分自身を正当化しようとするわけである。しかし、言い訳ばかりでは信用を失う。ミスをした場合は、理由は後にして、まずは謝るのが先決だ。自分の間違いを素直に認めた時と、認めない時では、相手の反応も違ってくる。

上司から叱責されるたびに、「でも……」「だって……」と言い訳する人がいるが、失敗の内容よりも、言い訳がその人の評価を下げてしまうことに気づいていない。

その人自身に落ち度はなく、結果的にミスにつながってしまった場合でも、まずは謝ること。相手の気持ちもおさまるし、事情を聞いてくれる可能性が高くなる。

そして、被害を最小限にするためにはどうしたらいいか、原因はどこにあったのかを考え、同じミスは二度と繰り返さないようにすることである。

プライドやメンツにこだわって、謝ることを避けようとする人がいる。自分の過ちを認めるのは恥だと思っているようだが、反感を招くだけで、決していいことはない。

失敗した時、素直に謝れるかどうかは、ビジネスだけでなく、日常の人間関係においても大切なことである。

5 運を迎える準備を整えよ 運がつくまで待て 必ず運はやってくる

映画『ゴッドファーザー』の原作者で、アメリカの小説家・映画脚本家のマリオ・プーゾはこう語っている。

「運と力は切っても切れない関係にある。運が回ってきたら、それを『やり遂げる力』がいる。また、運がつくまで『待つ力』も必要だ」と。


あなたに「運」を迎える準備は整っているか？

チャンスはどんな人にも訪れる。チャンスを我がモノにするための準備ができているか否か――それだけの違いである。

ハタから見ると、幸運続きと思える人でも、実は、降ってわいたようにチャンスが訪れたのではなく、常に準備を怠らなかった人にこそ、「運」がつかめるのである。

運は、その準備が終わっている人にのみ訪れる――と言える。

「なかなか運が来ない」とがっかりすることはない。「運」がやって来た時のために、いまは実力をつけたり、人にはできないことを習得しておく準備期間だ、と考えておけばいい。

必ず「運」はやってくる。実力をつけ、いざという時のために準備をしていた者だけが、幸運をつかめるのである。

6 失敗を運のせいにするな 失敗が大きければ成功も大きい 失敗を運のせいにするな

人生に失敗はつきものだが、失敗の受け止め方は人によって違う。
アメリカの心理学者ワイナーによると、
「失敗そのものより、
むしろ大切なのは失敗の原因をどう考えるかのほうが重要で、
その人の心理状態や行動に大きな影響を与える」
「私の人生は不運続きだ」「今こういう生活をしているのも、○○のせいだ」と思っている人は、すべてを自分以外のせいにする傾向が強い。

自分の不運に嘆く前に、それが自分の力ではどうにもならなかったことなのか、振り返ってみることが必要だろう。

何をやってもうまくいかない時は、つい運のせいにしたくもなる。しかし、いつも運や環境のせいにばかりしていると、運命論にとりつかれ、「自分は運が悪いから」と最初からあきらめてしまう。

もしも、本当にあなたが「運」を信じるなら、「肯定的に解釈」することだ。そうすれば運はどんどん開けてくる。失敗が大きければ成功も大きい。そう考えれば、失敗もさして気にならなくなる。

7 ダメだと思った瞬間から、本当にダメになってしまう
自分の可能性を信じよ
そして、それをうまく生かせ

自分の可能性を信じる人は、隠れた能力をみつけて、それをうまく生かせる。たとえリスクがあっても挑戦することでチャンスにも恵まれる。

それに対して、「自分など、しょせん何の能力もない」「何をやってもダメだ」と思い込んでいる人は、たとえ能力があっても、探し出すことも使うこともできない。

何か新しいことに挑戦する時は、誰もが未経験である。ダメもとで挑戦するかは、決断力や行動力にかかっている。

自信のある人、行動力のある人は、たとえ失敗しても大して苦にしない。何度かチャレンジしていくうちに、さらに自信をつけていく。

一方、自信のない人は、失敗を恐れて行動しない。「また失敗するのではないか」と弱気になり、行動にブレーキをかけ、せっかくのチャンスもふいにしてしまうのだ。

自信のない人はまた、物事を悪い方へ悪い方へマイナスに考えてしまう傾向が強い。まだやってもいないうちから、「どうせ自分にはムリだ」と思い込み、その結果失敗を繰り返す。過去のことをクヨクヨと悩むのも、このタイプの特徴だ。

自信のない人、物事を否定的に考える人は、いつも疲れている。疲労感が生じるのは、体力の消耗ではなく、解決しようもない悩みをため込んでいるからだ。このような精神状態でいると、ノイローゼや鬱病、神経性の頭痛をも引き起こす。これでは「運」どころか、「不運」に取り憑かれたも同然である。

人間は、ダメだと思った瞬間から、本当にダメになってしまう。そして、自信のなさや後ろ向きの考えは、初対面でも顔つきや言葉に表れる。

自信がない人は、他人の目ばかり気にして、消極的な態度になりがちである。打ちひしがれた態度で面接会場に行っても、不採用になるのが関の山だろう。雇用者は、積極的でやる気のある人間を求めているのだから。

8 足る（満足）を知れ 吾れ、唯、足るを、知る これこそ人生を幸せにする究極のポイント

「世の中は不平等である」こう書いてしまうと身もふたもないが、おそらく、多くの人がそう思っているのではないだろうか。家が裕福なら、金の苦労をしなくても済む。親がよいコネを持っていれば、就職にも困らない。要領が良い性格なら、出世も早い……。

それは現実かもしれないが、いくら嘆いたところで、世の中が変わるわけではない。それよりも、勤勉、努力、体力、勇気、何でもいい、今自分が持っているものを数え、それを生かす方法を考えるほうがはるかに建設的だ。

幸福そうに見える人でも、必ず悩みを抱えている。自分の思い通りに生きている人など、一人もいない。「親にカネがない、コネもない」と不平等に文句を言い、「目が可愛くな

い！」として嫉妬心を強くしたり、世間を恨む前に、「持たないがために、現在の自分がどれほど恵まれているか」に目を向けるべきである。

健康で、仕事もあり、帰る家がある。どんなにお金があっても、病気だったり、家庭が不仲で会話がなかったり、友人が一人もいない……。そんな辛く孤独な生活を送っている金持ちや美人をたくさん知っている。

自分をとりまく環境や持っているものに不満を持つどころか、わりと恵まれている方ではないかと思えるはずである。

フランスの哲学者デカルトの幸福論には、「人が支配できるのは世の中でも他人でもなく、自分自身の思想だけである。ベストをつくしても、それ以外のものを変えることができないとわかれば、手の届かないものを得ようとする欲求を起こすことはない」と書かれている。

デカルトは運命に逆らうよりも、自分の欲求を変えようと努めた方がよいと主張しているのだろう。すなわち、「足る（満足）を知れ」ということだ。

京都、石庭で有名な竜安寺には「吾唯足知」と書かれた蹲《つくばい》がある。真ん中に「口」という字を共有したデザインで書かれているが、「吾れ、唯、足るを、知る」と読む。

9 時間とチャンスに目を向けよ 不平等なところに目を向けても「運」はやって来ない 運はやって来ない

「世の中は不平等が原則」と述べた。しかし、世の中すべての人に、「平等」に与えられているものもある。一つは「時間」、そしてもう一つは「チャンス」である。

一日二十四時間、誰でも平等に与えられているが、時間の使い方は人さまざまだ。限られた時間内で、いくつものことができる人もいれば、たっぷり時間があっても何一つ満足にできない人がいる。時間を計画的に、そして有効に使っているかどうかの違いである。

今あなたがどのように時間を使っているか、毎日のスケジュールを手帳に書いておこう。それをある程度続けてから、週ごとにそれを見直してみると、一時間一時間をどう使っているかがよくわかるはずだ。それを見て、いかにダラダラした毎日を過ごしているか、驚く人もいるにちがいない。

自宅と会社との往復だけの毎日。帰宅すると何となくテレビを見ているか、インターネットであちこちネットサーフィンしたり、ゲームをして過ごす。

頭を休ませたり、気分転換にゲームをするのは悪いことではないが、無計画でただ時間をつぶすだけの毎日からは何も生まれない。

そうして一年一年が過ぎ、気がついたら歳をとっている。何となく生きてきて、充実した日々を送っているわけではない人々の顔は、緊張感もなければ、幸福そうにも見えない。そんな人に、誰も良い話を持ちかけようとは思わないし、「運」が舞い込んでくることもないだろう。

10 「つまらない仕事」を面白い仕事にかえよ 人が本当に求めているのは達成感だ 仕事に面白さを見つけよ

「仕事が面白くない」「会社は自分の実力を評価してくれない」「チャンスをくれない」

そう文句を言っては、嘆いている人がいる。そんな人ほど、与えられた仕事以上のことはしていないものだ。

「勤め人は時間を売って給料をもらっている」と割り切っていて、残業が続けば途端に愚痴る。

「運も実力のうち」というが、実力をつける努力もしないので、運もめぐってこない。

決まり切った仕事をするだけの毎日では、誰だって虚しい。人が本当に求めているのは達成感だからだ。人間は「もっと認められたい」「高く評価してほしい」という欲求を持っている。それが満たされれば嬉しいし、もっとがんばろうという意欲にもつながるが、できても「できて当たり前」としか評価されないのでは、意欲もしぼむ。

しかし、ものは考えようで、一見つまらないように見える仕事でも、面白くしようと思えば面白くなるものだ。「仕事がつまらない」という人は、面白さを見つけ出していないだけなのである。

同じ一日、一年を「つまらない仕事」と向き合って過ごすより、仕事に面白さを見つけたほうが、楽しいし、一日が短く感じられるはずだ。

仕事を単なる苦役で、給料稼ぎの手段に過ぎないと決めつけてしまったら、仕事はつまらないものでしかなくなる。それを面白くするには、仕事を楽しんでしまえばいいのだ。

11 生活も思考もワンパターンの毎日では、思考の動脈化が進行し、老化を早める 外界に絶えず関心を向けよ 好奇心旺盛でフットワークの軽い人ほど、幸運に出会う可能性が高い

毎朝同じ時間に出社し、決まり切った仕事をこなす。会社勤めをしている人は、どうしてもワンパターンの生活になりがちだ。会社と家との往復の毎日では、働く意欲も萎えてくる。ましてや無趣味となると、感動もなく、思考は停滞する一方である。

適度の運動をしないと足腰から弱ってくるように、脳も使わなければ膠着化していく。頭は堅くなるばかりで、話題性に乏しい、生活に変化がない限り、新しいものは何も入ってこない。「何か面白いことないか?」これが口癖になっている人には、面白いことを発

見することも、ましてや運が舞い込んでくることもないだろう。

ものぐさな人にとって、毎日同じことを繰り返しているほうが楽である。

しかし、生活も思考もワンパターンの毎日では、思考の動脈硬化が進行し、老化を早めるだけである。

それに対して、外界に絶えず関心を向ける人は、変化に富んだ数多くの情報が内面に蓄積される。さまざまな経験をすることで、視野も広がり、話題も豊富になる。毎日を退屈することなく、いろいろな楽しみを見いだす。

また、人との出会いから、思わぬ人脈に恵まれることもあるだろう。

好奇心旺盛でフットワークの軽い人ほど、幸運に出会う可能性も高いのだ。

12 幸福は、環境や条件ではなく、自分の手の中にあるものだ 自分の手の中にある 幸福だと思えば幸福になれるし、不幸だと思えば不幸になる

イギリスの詩人ジョン・ミルトンは、「楽園喪失」の中で「心は天国をつくりだすことも、地獄をつくりだすこともできる」と述べている。

誰しも失敗や挫折を経験するが、その時の受け止め方は人によって違う。

「この程度の被害ですんで、ラッキーだ」

「高くついたけど、授業料だと思えば安いものだ」

このように物事をプラスに考え、自分を励ますことのできる人は、立ち直りも早い。考え方が前向きなので、また別なことにチャレンジし、人生を楽しめる。

それに対して、マイナスの考え方をする人は、失敗をズルズルと引きずる。

「あの時、こうしておけば、こんなことにはならなかった」
「もとはといえば、あの人のせいだ」
と、過去をクヨクヨと思い悩む。そして、「もう失敗は二度とごめんだ」とばかりに、行動にブレーキをかけてしまう。

しかし、過去をいくら振り返ったところでやり直せるわけではない。そこから役立つものだけを学んで、新しい一歩を踏み出した方がプラスの結果を生みやすい。

幸福は、環境や条件ではなく、自分の手の中にあるものだ。幸福だと思えば幸福になれるし、不幸だと思えば不幸になる。
「本当なら、もっと悪い結果になったかもしれない。それを思えば、まだラッキーなほうだ。自分には強い運が備わっているのだから、必ず良い方向にいく」

そう信じて進んでいけば、幸運は必ずあなたに近づいてくる。

13 いつも明るく前向きであれ 明るく前向きであれ 明るい面に目を向けよ

同じ人間でも、楽観的な人と、悲観的な人がいる。いつも明るく前向きで、失敗してもさして気にしない人もいれば、何もしないうちから心配ばかりしている人もいる。同じ仕事をしても、楽観的な人と悲観的な人とでは成果も大きく違ってくる。

楽観的な人は失敗を繰り返しながらも成功し、さらに自信をつけるのに対して、悲観的な人は、「間違えるのではないか」「失敗するのではないか」ということばかりに神経をすり減らし、大した成果も得られない。

「あと十分もある」「もう十分しかない」あなたは、どちらのタイプだろうか。

人生は思い通りにならないことの方が多い。失敗や挫折を経験したり、予期せぬトラブルに巻き込まれることもある。

たとえば、マンションの階段で足を滑らせて転落し、大ケガを負って二カ月ほど入院生活を余儀なくされたとする。たいていの人は「自分はなんて運が悪いんだろう」と思うにちがいない。

「でも、死ななかっただけでも、よかった、ラッキーだ」と思い、どのみち仕事ができないんだから、休暇だと思って骨休みしようと考える人は、楽観的な人である。

14 天国は心の中にある 地獄も心の中にある 環境をどのように受け止めるかによって決定される

アメリカの社会評論家デール・カーネギーは言う。

「環境だけで人間の幸不幸が決まるのではないことは明らかだ。幸福だとか不幸だという気持ちのあり方は、こうした環境をどのように受け止めるかによって決定される」

キリストは「天国は心の中にある」と言った。「地獄もこれと同じだ」と。

楽観的な人は明るい部分に目を向けるのに対して、悲観的な人は暗い部分にばかり目を向ける。「自分だけ差別されている」「いつも嫌な仕事を押しつけられる」「誰も自分のことを理解してくれない」と物事をすべてマイナスに解釈するだけで、解決策を考えるわけではない。

会社が嫌になって転職したところで、また新しい不満のタネを見つけるにちがいない。

幸福な人生を送れるかどうかは、その人の心次第だ。幸福だと思えば幸福になれるし、不幸だと思えば不幸になる。

自分を卑下したり、悩まなくてもいいことまで悩んでも、何のメリットもない。ストレスを抱え、周囲の人たちの気分をも暗くするだけだ。

悲観的な人は、不幸の原因を自ら作っているようなものである。今持っているものに目を向ければ、仕事、健康、家族と結構恵まれているものである。同じ時間を過ごすなら、楽しく過ごした方がいい。

第二章

運を引き寄せるつぶやき

15 よい人脈が「運」を連れてくる 運は人からもたらされる よい人脈が運を運んでくる

成功したい、幸福になりたいという願望は誰もが持っているが、それを実現している人は少ない。その願望をいくら心に描いていても、具体的な目標を立て、行動し、失敗しても粘り強く挑戦しなければ、単なる願望だけで終わってしまう。

また、目標をおいて努力を重ねたところで、必ずしも達成できるとは限らない。どんな成功も幸福も、自分一人の力だけで成しえるものではない。それを評価してくれる人、サポートしてくれる人、あるいは励ましてくれる人などに恵まれなければ、願望を達成することはできないのである。

運がいいと言われる人は、好ましい人間関係を保っている。人に好かれ、信頼されている。だからこそ、援護してくれる人や、能力を認めて引き上げてくれる人に恵まれる。

言い換えれば、良い人脈が運を運んでくるのである。

ではどうすれば、良好な人間関係を築くことができるのか。

自分の思い描いた人生を歩みたいと思ったら、人間関係の問題をクリアすることが必要だ。その希望をかなえるためには、いかにして相手の心をつかみ、自分の思い通りの方向へ持っていくかが、運を引き寄せるコツと言い換えることもできるだろう。

幸福な人は、より幸運をつかみやすい。たとえ仕事面で成功しなくても、よい人間関係を保っている人は幸福感を得られる。

16
出会いを大切にせよ 一つの出会いが多くの出会いを生む 出会いを大切にせよ

もし、この仕事を選んでいなかったら……？

もし、あの人と出会っていなかったら……？

ほんの些細な出来事や、偶然の積み重ねによって今日の自分があるような気がするが、果たしてそうだろうか。

人生は選択である。その偶然を選んだのは、他ならぬ自分自身だ。単なる偶然のようでいて、自分が選んできた道ならば、それは必然的な結果なのである。

毎日、人はいろいろなものと出会っている。人間同士の出会いだけではない。本、音楽、映画……日常生活の中で見聞きしたありとあらゆるものが、その人にとっての出会いとなる。人によって、心に留まるものは異なるが、一生を左右するような運命的なものにめぐりあえた人もいれば、これといって何もなかったという人もいる。

実際は、たくさんあったのだが、それに気づかなかっただけなのだ。

一つの出会いが多くの出会いを生む。どんな出会いも大切にしていれば、意外な人脈を得られる可能性もある。

人生には出会い・チャンスが、けっこう多いものだ。すべてにあまり関心を払わない人は、せっかくの好機を逃してしまう。ツイていないとぼやく暇があったら、出会いの機会を積極的に作ってみることだ。人との出会いを大切にするかどうかで、運命は大きく違ってくるのである。

17 自分の長所に目を向けよう そして長所を生かす それを伸ばそう

「自分は頭が良くないから」「美人じゃないから」

そう言っては、自分自身の殻に閉じ込もろうとする人がいる。どんな人でも多かれ少なかれ劣等感を持っているものだ。生まれてから一度も劣等感を抱いたことがないという人がいたら、よほどの自信家か、無知かのどちらかだろう。

劣等感を引きずっている限り、幸運は訪れない。劣等感を抱くことの多い人は、自分の長所に目を向けよう。短所を補おうとするより、長所を生かし、それを伸ばそうとした方が、自信もついてくるものだ。

「○○さんを見習いなさい」「そんなことをしているのは、あなただけよ」

競争社会の中で生きてきた私たちは、物心ついた頃から、親や教師にこう言われて育つ。学校では成績や偏差値によってランク付けをされ、社会人になれば、能力、業績、人事考査などによってレベルが付けられる。受験一辺倒の詰め込み教育や、たった一つの会社での査定だけで、人間の能力などはかれないものだが、人は無意識のうちに他人と自分とを比較してしまうものだ。

とくに、日本人は他人の目を意識しすぎる傾向が強く、先進国の人々と比べると「自己評価」が低いといわれる。世間体を気にし、周囲にどう見られるのかといったことに神経をすり減らしてしまう。

世間の価値に従って生きているため、他人をみる時も、学歴や職業、出身地、服装や持ち物などにこだわる傾向が強い。そして、相手と自分とを比較しては、自分の方が劣っているように感じて、劣等感を強くする。

劣等感の強い人は、自己評価も低く、他人の自分に対する評価を否定的に解釈しがちである。自信がないと他人との接し方も消極的になり、相手のちょっとした態度も気になってしまう。「今の言葉は、遠回しに自分のことを言っていたのではないか」「自分を嫌っているのではないか」とマイナスに解釈して、ますます自信を失くしてしまうのだ。

18 新しい出会いが「運」を運んでくる 知り合いの知り合いは「知り合い」 引っ込み思案を克服する

「人づき合いがどうも苦手で……」「人と一緒にいて疲れるより、一人でいたほうがいい」

そう思っている人は、運とは無縁な人生を送る。仕事はもちろんのこと、幸福な日々を過ごすためには、他人の協力は不可欠だからだ。

人と人とのつながりを大切にしない人は、交際範囲は狭く、人脈もない。できるだけ多くの人と知りあいになることで、あなたに幸運が訪れる。

もし幸運を得たければ、やはり日常の人間関係を良くしていくことが必要である。

あなたが、一人の人間と知り合ったとする。その人自身は、あなたの願望をかなえる上では、無関係に思えるかもしれない。しかし、一人の人間には家族や親類、多くの友人知人、旧友や仕事を通じた知り合いがいるはずだ。

その人がもし、世話好きな人だったら、あなたの願望を聞いて、ひと肌脱いでくれるかもしれない。あなたの欲しい情報を、知人から聞いてきてくれるかもしれないのだ。

一人の人間と出会うのは、その人を取り巻く多くの人間と知り合うのと同じことなのだ。


人づき合いは苦手だという人は、内気で引っ込み思案の人に多い。人見知りが激しく、会話が苦手で、よく知らない人と話す時は緊張する。それならば、一人でいた方が気楽でいいと考える。

他人との会話や交渉をなるべく避けようとするわけだが、避けてばかりでは、いつまで経っても会話や人との接し方に慣れないし、人間関係もスムーズにいかない。

たしかに、外向的な人の方が、人づき合いの面では有利かもしれない。明るく笑顔がさわやかで、誰とも気軽に交際でき、話し上手で人に喜びを与えるような人は、好かれるし、友人も多くできる。適応力があり、積極的に自分をアピールするのも上手い。

一方、内向的な人は、他人に心の内を見せず、閉鎖的な印象を与えがちなため、「ネクラ」「とっつきにくい」といった印象を与えてしまうことが多い。
しかし、一〇〇パーセント外向的な人はいないし、一〇〇パーセント内向的な人は存在しない。

外向的・内向的という問題をはじめて論じたのは、スイスの精神医学者ユングだが、そもそも外向的・内向的というのは、リビドー（一般的な心的エネルギー）が主として外に向かうか、内に向かうかの違いで、誰もが両方の要素を持ち合わせているが、意識の上ではどちらか一方が優位に現れるというだけに過ぎない。

そしてまた、会話や人とのつき合い方は、慣れもある。
内向的な人には、自分を変えるという意味でも、新しい出会いを増やしていくことが必要だ。初めて会う時は、互いにどんな人なのか知らない。役者が舞台でもう一人の自分を表現するように、いつもと違った自分を出してみるのである。よく知らない人の前でなら、恥ずかしさを感じなくて済むだけ楽である。

出会いは出会いを生む。人づき合いを通して、未知の自分を発見できるうえ、チャンスが訪れる可能性も高くなる。

19 自分にない、いいところがあったら見習え 長所は短所ともいう 短所は見る角度を変えれば長所になりうる

どんな人でも、嫌いな人、苦手な人の一人や二人はいるものだ。人間関係は円満にいく方がいいに決まっているが、嫌いな人を好きになるのは困難である。好き嫌いというのは感情であって、理屈で割り切れるものではないからだ。

ごくたまにしか会わない相手ならともかく、同じ職場に嫌いな人がいる場合は、毎日顔を合わせざるを得ないだけに厄介だ。ましてや、相手が上司や先輩となると、苦痛以外の何ものでもない。おまけに、自分が相手に嫌悪感を持っていると、相手にもそれが伝わって、二人の関係はぎくしゃくしたものになる。これを友好的な関係に変えるには、どうすればいいのだろうか。

どんな人でも、探そうと思えば、長所の一つや二つは見つかるものだ。相手の長所に目を向ければ、「まんざら悪い人ではない」「こんな部分もあったのか」と思うことも多い。自分にない、いいところがあったら、見習うようにすれば、相手に対する見方も変わってくるはずである。

また、長所は短所ともいう。その逆もしかりで、短所は見る角度を変えれば長所にもなりうる。相手のいい加減なところが嫌だったら、「その分、うるさく言わないから楽だ」、神経質すぎるところが嫌なら、「慎重な人だから、間違いがないかチェックしてもらおう」と考えた方が、相手との関係もうまくいく。

世の中に完全無欠な人間などいない。人はつい自分の欠点を棚に上げて、他人の欠点に目を向けてしまうことが多いが、自分もまた他人の目からみれば欠点だらけかもしれない。「この人の、こういうところを変えてほしい」といった考えは、余計なストレスを抱えるだけだ。それよりも、自分の見方を変えた方が、自分自身が楽になれる。

人は相手の出方によって、自分の態度を変えているものだ。自分から先に好意を持つように心がければ、それが相手にも伝わって、相手の自分に対する態度も変わってくるだろう。

20 「好人物」の決め手は「第一印象」心が伝わる笑顔がポイント 笑顔を出し惜しむのは、最高のケチ

運は人との出会いによるところが大きい――これは事実だ。だから、「あの人は好人物だ」という評価を得ておいた方が、あなたにとって、絶対的に有利である。

「好人物」の決め手は「第一印象」だ。初対面では、互いに相手に対して何らかのイメージを受ける。正しく評価しているつもりでも、その時の気分や感情、好み、関心などが影響していることが少なくない。

「見た目で人を選ぶのか？」と非難する人もいるが、初対面では「見た目」で判断するしか情報がない。

しかも、人は一度なんらかの評価をすると、それが先入観となり、最初のイメージは

後々まで消えない。

ならば、第一印象を良くすることが、あなたにチャンスを呼び込む最良の方法といえる。

では、初対面で自分をどうよく見せるかであるが、すべては自己演出にかかっている。

初めて人に会う時は、髪形や服装を含めて、全体的なイメージに気を配ること。きちんとした身なりの人は、中身もきちんとして見えるからだ。

そして、「明るい笑顔」を心がけること。笑顔は人の気持ちを和ませる。「あなたに会えて嬉しい」という気持ちを笑顔に表すことで、相手も「会えて嬉しい」と感じる。心が伝わる。

笑顔がポイントだ。

逆に、不機嫌な顔でいると、相手からも不機嫌が返ってくる。不機嫌そうな顔をしている人に、もう一度会いたいと思う人などいるわけがない。

いくら話しかけても仏頂面で、一方的な会話しかできないような人と、誰もつき合いたいとは思わないだろう。

話し方や笑顔は、日頃から鏡の前でトレーニングをしておくことはできる。滅多に笑わない人が、無理に笑顔を作ろうとしても不自然に見えるだけだ。ふだんから笑顔を作るように習慣づけるために、出勤したら微笑んで挨拶してみるのもいい。

会話では、できるだけ相手の話を熱心に聞くようにすること。

また、会話中は相手の名前を呼ぶようにすること。名前はいわば、その人の象徴である。この世にある言葉のうち、自分の名前ほど真っ先に聞こえてくるものはない。初対面で名刺をかわしても、多くの人は相手の会社名や肩書きに目を止めるだけだが、その場で相手の名前を覚え、それを頻繁に使ってみるのである。

名前で呼ぶのは、自分に関心を持ってくれている証拠だと思い、相手は喜ぶ。相手の名前を多く呼ぶようにするというのは、ビジネスでは強力な武器になる。

つけ加えるなら、仕事以外の趣味や食べ物、お酒の好み、家族のこと、住んでいる場所なども記憶し、次に会った時、さり気なくそれについて話題を持っていく。

相手にうまくアピールするには、単に外見を良くみせるだけでは足りない。相手に関心を持ち、楽しい会話を心がけるといった配慮も必要なのである。

21 あなたから発する「ほめ言葉」でできるだけ人前でほめる心のこもった「ほめ言葉」で

スペインの文化人ジュス・レアーはこう述べている。「ほめ言葉は人に降り注ぐ暖かい陽光のようだ。それなしに、人は花咲くことも成長することもできない」と。

人は「他人から認められたい」「高く評価してほしい」という欲求が満たされると、幸福な気持ちになる。なかでも、最もその欲求を満たしてくれるのは、やはり「他人からほめられること」である。

ほめられれば自信を持ち、それが行動にも影響する。そして、自分をほめてくれた相手に対して好意を持つ。人から好かれるには、あなたから発する「ほめ言葉」が一番効果が高いのである。

ほめる時には、できるだけ人前でほめること、評価することだ。一対一でほめるより、他の人も見ている前でほめた方が、相手は嬉しく感じる。

第二は、相手によってほめ方を変えることだ。いつも他の人からもほめられているような人は、ほめられることに慣れているので、他の人が気づかないところをほめてあげると効果がある。

逆に、ふだんあまりほめられない人に対しては、やや大げさにほめてあげるといい。

第三は、第三者を通してほめることである。「彼がいてくれるので、本当に助かるよ」「よく気がつく人だね」と、相手の身近にいる人の口から伝えてもらうのである。直接言われても、「わざとらしい」「ご機嫌を取っているつもりなのだろう」と疑ってしまう人でも、第三者で信頼のおける人から聞くと、信憑性を感じる。

他人をほめると、「ゴマすり」「ご機嫌とり」と快く思わない人もいるが、そういう人でもほめられれば、まんざらでもない顔をする。ほめられて嬉しくない人などいないのだ。「おだてりゃブタも木に登る」というが、人をおだてたり、ほめたりすると、相手は機嫌よく、こちらの頼みも聞いてくれることが多い。ことに心のこもったほめ言葉は、人を喜ばせる。周囲の人たちの長所に気づいたら、どんどんほめてあげよう。

ほめることで人間関係はさらに好転し、あなた自身の評価も上がるはずだ。

22 相手の要求は何か それを読み取れ より大きな幸運が訪れる

「毎日、残業して働いているのに、会社は自分を評価してくれない」「夫は私を理解してくれない」「妻は身勝手なことばかり言う」

そう不満をこぼす人は少なくない。人は生きている限り、集団生活を強いられる。その中でうまくやっていくには、適応性だけでなく、相手の要求が何であるか、読み取る能力が必要だ。

大きな不満が生ずる原因は、相手の要求を正しく察知できることにある。

たとえば、あなたがヘッドハンティングをする仕事についたとして、どんな人間を引き抜こうと思うだろうか。才能、成績、職務態度、学歴、年齢……これらのうち、もっとも重視するのは、やはり実績だろう。年齢や経験よりも、その人が現在の会社にどれだけ還元しているか——すなわち社内価値をみるはずだ。そして、それが他の会社でも十分に通用できるものかどうかを検討する。

その人の能力に対して、相手がどれだけ報酬を払うかということを市場価値というが、通用するのであれば、その人の市場価値は高いと判断できる。ただし、報酬と能力が比例するとは限らない。優れた能力を持っていても、会社に還元しなければ、それに見合った評価しか得られないだろう。

「こんな会社に入るべきじゃなかった」「運が悪かった」と嘆いている人は、会社が求めているのは、与えられた仕事を真面目にこなしている人間ではなく、与えられたら、それを一〇の利益にして返してくれる人間である。

人々が期待する以上のことをやってみせる行動力のある人は、集団の中でもイニシアティブを持ち、周囲に進歩をもたらす。

状況を自ら切り開いていける人、人々にも何かを与えられるような人に、より大きな幸運が訪れるのだ。

23 相手の欲しているものを与えよ 与えることは、人を豊かにし、その人に幸運をもたらす それが幸運をもたらす

自分だけでなく、他人をも幸福にしようと願う。

企業経営者でも、「自分さえよければいい。今儲けるだけ儲ければいい」と考える人と、「この仕事をすることで、多くの人に喜んでもらいたい。幸福になってもらいたい」と思う人では、結果はまるで違ってくる。

料理人だって、材料をいかに安く済ませるか常に計算している人と、食べた人に満足してもらう料理をめざしている人とでは、客の評価も違うだろう。

他人に与えることのできる人は、人間的に豊かな人であり、本当の幸福をつかめる人でもある。

会って間もないうちから、自分の要求ばかりを口にする人がいるが、人間関係の基本はギブ・アンド・テイクである。相手を通して何かを得たければ、相手にも何かを与えなければならない。頼みごとをする時だけ連絡をよこし、あとは知らん顔では、相手は二度と頼みを聞く気にはならないだろう。自分の願望を実現したいと思ったら、なるべく他人のためになることをすることだ。

友人の悩みを聞いて、助けになってあげる
人から頼みごとをされた、手助けしてあげる
人の話を親身になって聞いてあげる
できる範囲内で、相手のために何かしてあげるようにしよう。人に喜びを与え、人の幸福を願えば、相手から感謝され、好意を持たれることは間違いない。
いざという時に、手を貸してやろうという人たちにも恵まれる。与えることは、人を豊かにし、その人に幸運をもたらすのである。

24 与えよ　与えよ
いろんな人に喜びを与えよ
必ず幸運が舞い込んでくる

「自分には運がない」「ここ何年もロクなことがない」と嘆いている人がいる。

そのような人は、日頃、他人に対してどのように接しているか、振り返ってみる必要があるだろう。他人に与えられることばかり望んでいないか？　自分も相手に対して、何か与えようとしているか？

自分の利益だけで他人とつき合おうとする人は、表面的なつき合いしかできない。いざ困った時、援助してくれる人には恵まれない。他人に何も与えようとしない人は、他人からも与えられることはないのである。

「最近、ツキが落ちてきたな」と思った時こそ、他人のために何かしてあげよう。それはいつか必ず、何らかのかたちで返ってくるはずだ。

「損して得とれ」という言葉がある。目先の利益ばかり考えている人は、大した利益は得られない。大きな利益を得ようと思ったら、一時的に損をすることも必要だ。

また、小さな金額をケチったばかりに、かえって損をしたという話もよくある。自分だけ得をしようとしたり、出すべきところを惜しんでばかりいると、結局は大きな損失をする。

自分さえ良ければいい、自分さえ幸福ならいいという自己中心的な人は、やがてはそのツケが回ってくるだろう。ビジネスも人間関係もうまくいかず、幸福にもなれない。

幸福になれる人は、人を喜びを与えられる人である。親切は回りまわって、その人のところに返ってくるのである。

第三章

願望をかなえるつぶやき

25 プラスのイメージ プラスの行動 運を引き寄せる

「自分の能力はタカが知れている」「自分一人の力で、人生が変えられるわけがない」もしあなたがそう思っているのだとしたら、その通りの人生しか送れない。

「汝のいる所が汝の世界である」というアラビアの諺がある。あなたの今の生活は、あなたが選んでいるものだ。「もう歳だ」「何の取り柄もない」「大した人生じゃない」と思い込んでいる限り、潜在能力を引き出すことなく終わってしまう。

「ダメだ」「無理だ」「できるわけがない」といったマイナス思考は、その人自身の可能性に蓋をしてしまうだけでなく、人生をも停滞させる。

多くの人は、子供の頃は大きな夢を抱いても、社会に出てしばらくすると、その夢はしぼんでしまう。自分より優れた能力の持ち主は数えきれないほどいるし、どんな分野でも成功する人間はほんのひと握りだ。夢をあきらめて、それなりに仕事をし、それ以上の努力をすることをあきらめてしまう。そして、自らの力を最大限に発揮できないまま、漠然と毎日を過ごし、一生を終わる。

しかし、成功した人々は、人並みはずれた才能の持ち主でもなければ、特別な運に恵まれたわけではない。他の多くの人々と違うのは、はっきりとした目標を持ち、それを実現するための能力を持ち、自分の可能性を信じて行動したことである。

その能力とは、強い目的意識、自信、明確なビジョン、プラス思考、失敗をバネにする強さ、根気、集中力、そして人間的魅力などである。

中でも、自分を信じることは、成功を決定するきわめて重大な要素といえる。肯定的な自己イメージを抱いていなければ、それをうまく引きだすことはできない。

多くの人は勝手に限界を設定し、自らの力を最大限に発揮できないまま、漠然と毎日を過ごして一生を終える。

人々が現在の自分よりひと回り小さい「自己像」を描くのに対して、成功する人は大きな理想像を描く。こうしたプラスのイメージが、プラスの行動を生み、運を引き寄せるのである。

26 どんな成功も頭の中からスタートする 夢に向かって突き進んでみよう 自分が何を望んでいるかを見つけ出せ

まずは紙とペンを用意してほしい。横書きでも縦書きでもいい。

各行に一から二〇までの番号をふり、「私は……」で始まる文を思いつくまま二〇項目書いてほしい。

「(私は) 男性である」「(私は) 会社員である」「(私は) 三〇歳である」というように。短い文でも構わない。

すべてを書き終えたところで、内容に目を通してほしい。そこに書かれているのは、まさに、あなたの自己イメージである。

簡単そうだが、実際にやってみると結構難しい。最初の五つか六つは、性別・年齢・職業や出身地といった形式的な記述、次第に「私は大ざっぱだ」「私は背が低い」といった主観的な内容に変わり、十五を過ぎる頃になると、「私は転職したいと思っている」「私は部長の○○が大嫌いだ」というように、無意識の欲求や悩みなどが投影されてくる。

すべての解答は、他人との関係や社会性、自分をどのように評価しているのかを知るための基準になるはずだ。

自分はどんな人間で、心の底でどんな欲求を持ち、それが言動にどう影響を与えているか、わかるのではないだろうか。

質問が進むにつれて、記述は具体的になるはずだが、自己分析ができない人は、次第に曖昧になってくる。これでは、夢に近づくこともできない。

今できることを答えられない人は、夢など持っていないのと同じなのである。

27 自分にできないはずはない 必ず道は開ける 必ず実現する

小学校の頃、あなたはどんな夢を持っていただろうか？

大人になったらどのような職業に就き、どういう人間になりたいと思っていただろうか――それは実現したか。実現しなくても、その夢をずっと持ち続けてきただろうか。

ボーイズ・ビー・アンビシャス

「少年よ、大志を抱け」

この有名な言葉を一度は耳にしたことがあるはずだ。志とは、心の目指す方向、信念という意味だが、この言葉を唱えたクラークは小さな志ではなく、大きな志を抱けと言う。

しかし、子供の頃大きな夢を抱いていた人でも、次第にその夢はしぼんでいき、社会人になると「そこそこの生活ができればいい」と思うようになってしまう。

一般の人は小さな志を抱くが、成功者は大きな志を抱く。といっても、子供の頃から大きな志を抱いている場合と、小さな志をふくらませて大きな志にする場合の二種類があるようだ。

後者の場合は、一度はサラリーマンになったが、自分には向いていないと思い、大学を受け直して、医者や弁護士になった。同僚と意気投合し、脱サラしてベンチャービジネスを始めたというように、何かのきっかけで大きな志を抱くようになったケースが少なくない。


こういう話をすると、「それは頭が良かったからだ」「専門知識を身につける余裕があったからだ」という答えが返ってくるが、知識や専門技術はその気になればいつでも身につけられる。それよりも、自分はこれをしたいという意欲がなければ、何もできない。

大切なのは、自分はこれをしたいという強い意志や、こうなりたいという未来の自己イメージを持つことである。

28 自分は必ず成功する 前回はダメでも、今度はきっとうまくいく いい経験をした、次は成功させてみせる

「クリスマス・キャロル」などで知られる、イギリスの小説家であり、数学者でもあったチャールズ・ディケンスはこう述べている。

貧しいスラム街で生まれ育った彼は、倉庫のような場所で寝起きし、アルバイトをしながら読書をしたり、原稿を書いたりしたという。そんな彼の支えは、「何とか出世して、母親に楽をさせてあげたい」という一途な気持ちだけだったという。その目的を達成できるなら、どんなに辛い生活にでも耐えられた。

母親の喜ぶ姿を夢に描いていたからだろう。

幸運の女神は、自分の可能性を信じ、前向きに行動する人のところに来るものなのだ。

失恋したり、株で損したり……。過ぎたことをクヨクヨし、失敗を恐れて行動をためらっている人のところには来ない。

冒頭の言葉のように自己暗示力の強い人ほど、幸運を自ら招き寄せるのである。

人間は、その器量に応じて夢を描くという。運の良い人々とは、たとえ数々の犠牲を払っても、粘り強い努力を続けることで自分の夢に近づく人のことである。その原動力となるのは、志や強い信念である。決してなんだかんだと言っては、自分に条件や限界をつける人のことではない。

もしもあなたが、現在の生活に不満を持っていて、他にやりたいことがあるのだとしたら、まずは自分の望むものを自覚し、「それは必ず得られるのだ！」と信じ切ってほしい。「きっと夢は実現する」という強い信念を持てば、それが「運」を呼ぶことになるのだ。

29 希望に生きる人は若い 六、七〇代で志を立てても遅くない

進路を考えたり、自分の生き方を決めるのは、一〇代から二〇代までで、それより上の世代になると「もう遅い」と思ってしまう人は多いようだが、今は四〇代、五〇代で志を立てても遅くはない。

五〇歳、六〇歳でも政治を変えていきたいと一大決意して議員に立候補する人はいる。大学を出て一度は企業に就職したが、どうしても物足りなさを感じて、大学に入り直し、医者や弁護士になった人も少なくない。

世間では、二〇歳で成人とみられているが、本当のスタート地点は三〇歳から。平均寿命が長くなった現在、実際の年齢から一〇を引いたぐらいが精神年齢だと思ったらどうか。

終身雇用、年功序列の崩壊により、一度レールに乗ってしまえば定年まで生活が保証されていた時代は終わった。そもそも、二〇歳ぐらいで、将来の進路を決めなければならなかったこと自体、無理があったのだ。

これからは自分の人生は自分で選ばなければならない。ことにビジネスマンにとっては受難の時代ではあるが、自分の生き方についてもう一度考え直してみるいい機会だ。

たとえハタから見たら、バカバカしいことでも、どう生きようと自分の人生は他人のすすめで決めるものではない。楽しむのも、後悔するのも自分自身。それを行動に移せるかどうかは、強い動機——志を抱いているかどうかにかかっている。

特別な才能はなくても、幸運をつかむことはできる。

30 平穏無事に生きる 日常の些事を愛せ 小さな喜びをバカにしない

いつの時代でも、一大事業を成したり、ある分野で脚光を浴びている人たちがいる。

もちろん、そういう人々はほんの一握りで、多くの人たちの生活は、他の人からみたら似たり寄ったりかもしれない。

しかし、どんなドラマチックな人生を送っているように見える人でも、毎日の生活は単調で地味なものである。


いわゆるエリートや上昇志向の強い若者に多く見かけるが、地味で平凡な人生を送っている人たちを軽蔑したような態度を取る人がいる。

しかし、ハタから見たら地味で平凡な生き方をしていても、家族を養うため毎日働いている人は、「立派だ」と認めなければならないだろう。
「平穏無事に生きる」というのは、簡単なようでいて難しい。仕事だって続けるには根気がいる。「俺は平凡な人間だから」「私はただの専業主婦よ」と苦笑交じりに言う人がいるが、その人なりの悩みがあり、苦労もある。

人の人生は比較などできないのだ。人の顔がみな違うように、幸福や生き甲斐は人によって違う。決して目立たない生活をしていても、その人が幸福だと感じていれば、その人にとっては成功だといえるだろう。
芥川龍之介は、次の言葉を残している。「人生を幸福にするためには、日常の瑣事を愛さなければならない」。

日々の些細な出来事の中で、幸福感、満足感を見い出せる人は幸福だ。小さな喜びをバカにするような人は、人生を楽しむ術を知らない人である。

31 新しいことにチャレンジ 毎日に変化をつける 新しい明日が開ける

「自分を変える」——そのためには、興味のあるものから始めてみよう。

何をしたいかわからないという人は、とりあえず興味のあるものから始めてみよう。釣り、陶芸、バードウォッチング、ウォーキングなど何でもいい。あるいは、昔好きだったカメラ、テニスなどに再度挑戦するのもいい。いま、新たに挑戦することで、思わぬ発見があるものだ。

趣味は、人と人とを結びつけること、これも重要だ。互いに共通の話題があれば、性別や年齢差、職業など気にせずに話すことができる。新しい出会いの機会も増えるし、自分の世界も広がる。

熱中しているうちに、自分が本当にやりたかったことを知り、運が開けてくることも多いのだ。

チャンスをつかむ人は、やはり頭が柔軟で、好奇心が強い人が多い。いろいろなものに興味を持ち、面白そうなら、さっそく試してみる。そこでまた知識や体験は増え、発想力も向上する。世代の違う人ともこだわりなく話せるので、出会いを通じて、チャンスが舞い込んでくる。

それに対して、ワンパターンの生活を送っている人は、毎日にこれといった変化がないので、思考が一定方向に向かってしまい、柔軟な発想ができなくなる。いざという時、身体が動かない。何か新しいことをしようと思っても、根気が続かず、結局は放り出してしまう。これではチャンスにめぐり合えないどころか、人生も停滞する一方である。

毎日がマンネリ化してきたなと思ったら、何か新しいことにチャレンジしてみよう。常識や固定観念にとらわれず、いろいろなものに挑戦した方がいい。楽しい時間を過ごし、毎日に変化をつけることで、新しい明日が開けてくるはずである。

32 漠然とした夢ではなく、具体的なプランを持て 明確な目標を立てよ 具体的にその道筋を考えよ

「幸福になりたい」「金持ちになりたい」

誰しもそう願っているにちがいない。だが、漠然とそう望んでいるだけでは願望で終わってしまう。それを実現するには、具体的なプランを練ってみることが必要だ。

たとえば、あなたは金持ちになりたいとする。

「いつか昇進して」「ギャンブルで大穴を当てて」という発想では、とても実現におぼつかないことは明らかだ。どうしたら金持ちになれるのか、それについて夢ではなく具体的なプランを立ててみるのである。

同時に、自分にとって幸福な生活とは、どんなものなのか、なぜ金持ちになりたいのか、

動機も明確にし、目標を立てて、自分なりに具体的な青写真をまとめ上げるのだ。

目標を立てるのに重要なことは、まず最終の目標から出発し、それを達成するには何をすべきかを順を追って考えて行くやり方である。

どんな分野でも、スペシャリストとして活躍している人がいるが、彼らはある日突然脚光を浴びたわけではない。若い頃から「こういう職業につきたい」「こういう仕事をしてみたい」という強い動機を持ち、その夢を実現するには、どんな技能や実績を身につけたらいいのかを考え、そのためのステップアップとしていくつかの仕事を経験している。目標が決まれば、迷うこともないし、多少きつい仕事でも我慢できる。その先に、「いつかかなう」という希望があるからだ。

一方、多くの人は、明確な目標を持たずに何となく働いている。「今の会社は給料は安いし、仕事がつまらない。もっといい会社に移ろう」と転職する人がいるが、次の会社でもまた別の不満を抱くことになる。

職業ではなく、会社や条件にこだわっている限り、自分の希望を一〇〇パーセントかなえてくれる会社に巡り合うことは皆無に等しいだろう。

「金持ちになりたい」というのも漠然とした夢である。もしも本気でそう願い、それを目的にするなら、実際金持ちになった人のやり方を分析し、プランを立ててみることだ。

周囲にいる人でも、大成功を収めた著名人でもいい。すでに実現させた人は、どの分野でなぜ成功したのか。彼らの資質や性格、行動はどのようなものか。何が成功をもたらしたのかを自分なりに考え、簡潔にまとめてみる。

そして、その道の大成功者なら、今の自分と同じ立場にいたらどう考え、どう行動するだろうか。目を閉じて、その人物があなたに何か助言をしてくれている場面を想像してみる。

彼らが直接自分に話をしてくれるとしたら、どんなことを口にするだろうか?

成功に結びつけるにはどんな点に注意し、何を目指すべきなのか。障害を回避し、限界を打破するためには、どんな対策を立てるべきか。具体的な青写真を描く上で、非常に参考になるはずだ。

野心と夢だけでは何も達成しない。まずは明確な目標を立て、具体的にその道筋を考えれば、それが実現可能か否かがわかってくる。時間的に制限があっても、希望や目的を抱き、それに向けて挑戦しようとする人は、行動できる。

全体像まで描いたら、一つ一つを着実にこなしていくのが達成への近道である。

33 具体的な目標を立てよ すべきことが見えてくる目標を立てよ

では、具体的な目標とは、どのようなものなのか。ここでは、目標を立てるうえでのコツを挙げてみよう。

- 自分自身だけでなく、他人にも恩恵をもたらすようなものを目標として設定する
- できる限り具体的、かつ前向きな目標を立てる
- 他力本願ではなく、自力で達成できるものを目標とする
- 自分の長所・短所を認識する
- 目標達成への期日や期限を定めておく
- 成功した時の自分をイメージする。

六つのポイントだが、他にも自分なりに工夫してみるのもいい。いずれにせよ、目標をつくることで、単なる願望がより具体的になってくる。

目標を計画したら、あとは実行に向けて行動するのみである。考えるだけで、一つも実行しない人がいるが、行動がともなわなければ、何の意味もない。

やはり、目標を定めたからには達成するという強い意志が必要である。

途中で気が緩んできたら、目標を意識するようにしてみよう。気持ちをそちらに向けることで、行動もともなってくる。また、目標意識を強く持っていると、それに関する情報が目や耳に飛び込んでくる。

何が必要で、何が無駄なのか、判断する材料が増えれば、より達成に近づけるわけだ。

ギリシアの哲人ソクラテスは言う。

「知識は単なる潜在力に過ぎない。行動のプランに組み込まれ、一つの目的に向けられた時、初めてそれは現実の力となる」と。

34 明確な目的を持て そこからビジョンが発生する 願望達成へと導く第一歩だ

「こういうことをしてみたい」「こうなりたい」

心に描いているだけでは、何も変わらない。まずは明確な目的を持つことだ。そこからビジョンが発生する。ビジョンとは、人を動かすほどの鮮明なイメージであり、自分が目的に到達するための道標となる。

目的をはっきり認識することによって、自分がどこへ進んだらいいのか、今何をすべきなのかが見えてくる。まずビジョンを定め、目指す場所やその理由を明らかにすることが、願望達成へと導く第一歩なのである。

アメリカの成功理論家で『マーフィの法則』でも知られているジョセフ・マーフィは、願望を達成するための項目として、次の七つを挙げている

①人生の目的を持つ――漠然とした夢ではなく、具体的な目標。
②計画を立てる――大きな目標は段階別に分け、より現実的な目標にしたほうがいい。
③実現できると信じる――それは必ず実現できると信じること。目標を達成した時の自分の姿を思い描く。
④集中力を向上させる――集中力は潜在能力を引きだすのに効果的である。
⑥途中であきらめない――根気がなければ目標は達成できない。
⑥マイナスの言葉は無視する――マイナスの言葉は聞き流しプラスの言葉に耳を傾ける。
⑦失敗を恐れない

やって失敗するのは、失敗を恐れて一度も挑戦せずに終わるよりいい。

フォード・モーターの創業者ヘンリー・フォードは、こう述べている。

「将来を恐れるものは失敗を恐れておのれの活動を制限する。しかし、失敗は成長に続く唯一の機会である。まじめな失敗は、なんら恥ではない。失敗を恐れる心の中にこそ、恥辱は住む」。

35 小さなステップをクリアしていく 一つひとつクリアしていく 生涯の目標も叶えられる

もし、あなたがフルマラソン（四二・一九五キロ）に出場しなければならなくなったとする。あなたは、まずジョギングを始めるだろう。最初は家の付近を一回りし、身体が次第に慣れるにつれて、走行距離を伸ばしていくのではないだろうか。

そして、とりあえず五キロ、一〇キロ、ハーフマラソン（二一・〇九七五キロ）、さらには三〇キロなどのマラソン大会に参加して一歩一歩、ハードルを上げていくだろう。いきなりフルマラソンを走ろうとしたら、心臓発作を起こしてしまう。

目標を達成する場合もこれと同じである。

小説家志望の青年が二人いて、長編小説を書こうと決めたとする。Aは大まかなプロットを頭に描くなり、書き始める。Bはまず短編を幾つか書き上げ、長編小説の構想に移る。

ストーリーを章ごとに分け、概要を書き、登場人物の特徴もまとめて、それに沿って書き進めていく。

どちらが一本を書き終えるかは、一目瞭然だろう。設計図を描き、土台を組まなければ家は建たない。Aは、とりあえず屋根を組み立てようとするが、設計図も土台もないので、家全体のイメージもつかめず、結局は面倒になって投げ出してしまう。

目標が大きい場合は、段階別に分け、まず身近なものからとりかかった方が良い。着実に一つひとつクリアしていくことで、自信を積み重ねていくのである。

細分化して考えることは、二つのメリットがある。一つは、「これはとうてい実現不可能だ」と思うような大きなことでも、細かく分けた一つ一つをみると、「できる」という自信がわいてくること。

第二は、具体的にどうしたらいいか、的を絞って考えられることだ。問題が遠大だと、原因や解決法がなかなか浮かばないが、より身近に近い問題なら、おのずと解決法が見つかるものである。

千里の旅も一里から。進む方向をあらかじめ定めておくことが先決だ。苦しいこと、つらいことがあっても、目標が達成した時の喜びや充実感に勝るものはない。

36
悩まない
やるべきことはやった
あとは運に任せる

この世には、人間の力ではどうにもならないものがある。自分の考えや意見、欲求など、自分の内面に関することは、ある程度コントロールすることは可能だ。

しかし、天災、死、事故、肉体、評判、財産というように、自分の精神活動以外のものをコントロールすることはできない。

失恋がいい例だろう。好きな人に交際を望んでも、相手も自分に好意を持ってくれなければ、諦めざるを得ない。失恋したからといって、嘆き、苦しみ、自分をフった相手を恨んだところで、さらに傷つくだけである。

難問を抱えた時も同じで、「やるべきことはやった。あとは運に任せる」と開き直ってみると、結構解決の糸口が見えてくるものである。

大学受験に失敗した、就職面接を受けたが不採用だった――人は一生のうちに何度か失敗や挫折を経験する。肉親との死別など、過酷な現実に直面することもあるだろう。

しかし、いつまでも悲しみを引きずるのは不幸である。自分の意思できることと、できないことの区別を知らないと、運命を恨んだり、必要以上に先々のことまで心配してしまう。

病気になったらどうしよう、年を取りたくない、老後が不安だと嘆いては、夜も眠れず、本当に病気になってしまう。自分の意思ではどうにもならないことは、現実として受け入れ、「どうにかなるさ」と開き直るしかない。

不可能なことを思い悩んでも無駄。むしろ開き直った方が、それまで見えなかったものが見えてくるから不思議だ。

避けようのないものを嘆いてみたところで、それ自体を変えることは出来ない。だが、自分自身を変えることは出来るはずだ。

多忙な毎日によって、悩みを追い出し、明るくふるまおう。それが悩みから開放され、なおかつ幸運を引き寄せる最良の方法である。

第四章

チャンスを掴むつぶやき

37 小さなことでも絶えず目標を持て それに沿って行動せよ 目標を決めて努力せよ

なぜ同じ人間なのに、物事がうまくいく人といかない人がいるのだろうか。

第一の理由は、目標の有無である。小さなことでも絶えず目標をおき、それに沿って行動するのと、何の目標もなく、のんべんだらりと生活するのとでは、その後に差がつく。

第二の理由は、目標を決めて努力しているかどうかだ。「こうしたい」と願うだけで行動が伴っていなかったり、面倒くさくなって途中で投げ出していたら、いつまで経っても現状は変わらない。多少の失敗でもくじけず、粘り強く努力を重ねることが大切だ。

かといって、努力が必ずしも酬われるとは限らない。「人一倍努力しているつもりだが、いっこうに酬われない」という人は、やり方に問題があることが多い。

まず考えられるのは、努力の方向がピント外れだということだ。方向が違うために、同じところをグルグル回るような、空しい努力を続けている。

次の項目をみて、チェックしてほしい。

●自分の長所・短所、能力を十分に把握しているか？
●一〇の課題があったとして、優先順位をつけて重要なものから着手しているか？
●それは、今の時代に対応しているか？
●努力した成果を試しているか？
●それを評価してくれる人を間違えていないか？
●援護または協力してくれる人がいるか？

これらのうち二つ以上当てはまるようなら、努力を重ねたところで、無駄な時間やエネルギーを消費するだけだ。努力して何の成果もないと、人は無力感を抱く。「もうどうでもいい」「しょせん、世の中は不公平だ」と考える習慣がつくと、どんなに知識や能力があっても、何もできなくなる。

全然成果がないと思ったら、もう一度努力の方向を見直してみよう。

38 努力逆転の法則を活用せよ

今回はうまくいかなかったけれど、何事も慣れだ 経験を重ねて上達すればいい

「会社で初めてプレゼンテーションを任せられた。あれだけ準備をしたのに、その場ではあがってしまい、結果は散々だった。大勢の人の前で、あがらないようにするには、どうしたらいいか?」

私は企業研修も多く手がけているので、こうした質問をたびたび受ける。

これは、自然に反しているからだろう。話し下手な人、大勢の前で喋ることに慣れていない人は、緊張してあがってしまうのは当然だ。

「あがるまい」とするのは、自然の法則に反しているので結果的にあがってしまうことになる。

これは、心理学で言うと「努力逆転の法則」と呼んでいるもので、簡単に言えば「自然に反した行為をしている」ためである。

人前であがらないようにする最良の方法は二つ。

第一は、「うまく話そう」「絶対に失敗してはならない」という意識を捨てることだ。そう思えば思うほど、かえって失敗を招く。「あがってしまうかもしれないが、慣れていないんだから下手でもやむを得ない」と思えばいい。そして、「準備は万全なのだから、たぶんうまくいくだろう」と考えた方が、気分も楽になる。

第二は、「習うより慣れろ」で、日頃から慣れておくことである。大勢の人の前で、初めからあがらずに話せる人はいない。見事なプレゼンテーションができる人は、場数を踏んでいることが多い。何度も失敗を繰り返すことで少しずつ自信をつけ、大勢の前で話すことに慣れていったのだ。

新しい経験に挑戦する時、「きっとうまくいく」というプラスの自己暗示は大切だが、結果的に失敗してしまうとマイナスの暗示がかかりやすい。「今回はうまくいかなかったが、何事も慣れだ。経験を重ねて上達すればいい」と、深刻には考えないことである。

39 自分は必ず成功する 今度こそ、絶対うまくいく 絶対うまくいく

「風向きばかり見ている者は、蒔くことも刈ることもできない」という西洋の諺がある。失敗を恐れる人は、チャンスが訪れても、それに挑戦する勇気がない。どうしようかと悩んでいるうちに、時機を逃してしまう。「ああ、せっかくのチャンスだったのに……」と悔やんでも、後の祭りだ。

「チャンス」は多くの人に平等に与えられたものであり、人生には大きなチャンスが何度か訪れる。しかし、「運命の女神に後ろ髪がない」ため、後になってチャンスであることに気づいても、手がツルンとすべってつかまえられない。そして、同じチャンスは二度とめぐってくることはない。

成功している人に共通しているのは、プラス思考と並外れた行動力を身に付けていることだ。チャンスだと思ったら、リスクを承知で挑戦し、失敗しても潔く失敗を認める。そして、そこから何かを学び取り、次に生かす。タフで行動的で、転んでもタダで起きない図太さがある。

一方、臆病な人、警戒心の強い人は、せっかくチャンスがきても、最悪の事態を想像しただけで身を引き、一生チャンスや成功とは無縁の生活を送ることになる。

人生は選択である。組織のリーダーでなくても、決断力は求められる。決断すべき時に、臆病風が吹いたり、ズルズルと先延ばしにしたのでは、良い結果など望むべくもない。

俳優ウッディ・アレンは、「ときどき失敗することができないようなら、チャンスもない」という。チャンスをつかまえて活かせるのは、「失敗は成功のもと」と思う人である。

40 チャンスをつかむ
幸運の女神には後ろ髪がなかったんだ――小さな異変、兆候を見逃さない

人生には、大きなチャンスがいく度か訪れる。あとで気づいても、同じチャンスは二度とめぐってくることはない。同じものを見て、それをチャンスだと思うかどうか、それが人生の成否を決めるといっても過言ではない。

では、チャンスを見逃さないためには、どうすればいいのか。チャンスは突然来るわけではなく、前兆というべき小さな異変が訪れている。他の人が見過ごしてしまうようなことの異変に気づく能力を身につけた人がより多くチャンスをつかめる。

虫の知らせや第六感と呼ばれるものがある。ちょっとした異変に気づくのは、論理や理屈ではなく、カンによるところが大きい。

経営者、科学者、スポーツ選手、勝負師、クリエイティブな仕事に携わっている人の多くは、カンが鋭い。些細な異変でもキャッチし、その原因を見極める能力に長けている。問題に対する感受性（プロブレム・センシビリティ）が優れているのである。これを「感性」と言い換えてもいいだろう。

感受性の高い人は、カンを働かせて、他の人が見過ごすような何かを発見したり、一部を見て全体をイメージできる。脳に左右分化の機能があると示したのはアメリカのスペリーだが、何かをひらめく時に不可欠なのは、イメージ力、パターン認識力、図形認識力、想像力、絵画的感覚、幾何学的な思考などを司る右脳の働きである。

感受性を高めるには、日頃から右脳を鍛えておく必要がある。何気ないことでも、問題意識を持って物事を眺め、「自分だったら、どう解決するだろう」「他に何かアイデアはないだろうか」と自問する習慣をつけておくことだ。

解決不可能で手ごたえがないように思えることでも、角度を変えれば別のものが見えてくるかもしれない。カンは修練から生まれるというが、感受性の高い人だけが、チャンスをいち早くキャッチすることができるのである。

41 チャンスが人を見捨てるよりも、人がチャンスを見捨てる方が多い 日頃からアンテナを張っておけ チャンスを見捨てるな

チャンスをつかむにはそれをキャッチする能力を身につけるだけでなく、日頃からアンテナを張っておくことも必要だ。好奇心の旺盛な人は、さまざまなものに興味を抱き、フットワークも軽い。

それに対して、好奇心の乏しい人は、頭も使わないし、身体も動かさない。趣味や生きがいがなく、毎日をただ漠然と生きている。緊張感がないので、顔にハリがなく、外見も歳より老けて見える。話題は乏しく、時代の流れにも疎い。これでは、幸福も近づいて来ない。頭の管理を怠っている人には、チャンスもめぐってこないのだ。

ちなみに、人の頭の働きは大きく分けて次の四つがある。
一．吸収力（観察する、注意を向ける）
二．記憶力（記憶する、思い出す）
三．推理力（分析する、判断する）
四．創造力（アイデアを具体化する、アイデアを生み出す）
　このうち、一と二の能力は減退するが、今の時代ならコンピューターである程度補えるだろう。問題は、推理力や創造力である。これは前頭葉の働きによるもので、個人差がある。意識的に刺激している人は、記憶力の衰え始める二十代半ばを過ぎてから、さらに成長を続ける。日頃の習慣を変えることによって頭の若さを保つことは可能なのだ。

　一人旅に出たり、趣味を持ったり、手紙を書くのでもいい。とくに、日曜大工や料理などの創造的な活動は、前頭葉を刺激するにはもっとも効果的だ。楽しいし、生活にハリがでてきて、出会いの機会も増える。転がる石に苔はつかないというが、幸運は活動的な人に訪れるのだ。

42 平々凡々……その中に「面白さ変化」を読み取れ フツーの中に面白さを発見せよ

ある商社マンから、こんな話を聞いたことがある。ニューヨークに駐在していた時のこと。当時、彼は独身で、上司二人はそれぞれ家族を呼び寄せていた。

Aさんの妻は、「せっかく海外に住むことになったんだから、日本でできないことをたくさん経験しよう」と、家事や子供を学校に送り迎えする合間に、語学学校に通い、友人も増えて、映画や芝居を観に行ったり、自宅でパーティを開いたりと、現地での生活に溶け込んだ。

一方、Bさんの妻は子供を連れて近くの公園へ行くだけで、家から出ようとしない。英語はわからず、友人もできない。「日本にいたほうがよかった」と毎日のように夫にこぼし、一年ともたずに夫を残して子供と帰国したという。

冒頭のＡさんの妻は、海外に住むようになったことを一つのチャンスと考え、いろいろなものに積極的にチャレンジすることによって、毎日が楽しく、自分自身も豊かになる。

このタイプの人は、満足感や喜びをもって仕事をする。退屈な仕事が回ってきても、自分なりに楽しみを見いだす。好奇心が旺盛で、仕事以外の時間は精力的に行動する。

社交的かつ行動的で、人々との会話を楽しんだり、知らない場所へ出かけたりするのが大好きだ。買い物をする時も、ただ欲しいものをレジに持っていくことはせず、他の商品にも目を向ける。面白そうなものを見つけると、さっそくそれを試してみる。

何か不便なことを見つけると、どうしたらもっと便利になるのか、創意工夫をする。頭が柔軟で、創意に富み、ユーモアがある。他人の話をよく聞き、相手に役立つような情報を教えたり、相談にも乗ってあげたりするので、人々に感謝される。いろいろな人から誘いがかかるため、人間ネットワークは広がり、そこからチャンスが舞い込む。

人は年を重ねるにつれ、新鮮なことが減ってくる。何か新しいことに挑戦しようと思っても、考えているうちに億劫になってやめてしまう。

「まあ、いつかやればいいや」「別に急ぐわけじゃない」と言っている人が、チャンスをつかめるはずがない。


チャンスは周りに転がっている！

アメリカの社会評論家デール・カーネギーは、こう言っている。

「幸福は毎月やって来る。だがこれを迎える準備ができていなければ、ほとんど見過ごしてしまう。今月こそ幸福を見逃すな」

チャンスは周囲に転がっている。それを探して自分のものにするか、見過ごしたままでいるかで、その後の人生に大きな差がつく。

第四章　チャンスを掴むつぶやき

43 チャンスはまわりに転がっている それを探して自分のものにせよ 見過ごすな

多くの人は他人の成功を「あの人は運が良かっただけだ」「チャンスに恵まれたからだ」と言っては羨む。それに比べて、自分はなかなかチャンスに恵まれないと感じている。だが、実は身の回りにあるチャンスを見過ごしてしまっていることが多い。

チャンスは身近なところに転がっていたりする。また、どんなことでもチャンスに結びつく可能性はある。

「いつか、自分にもチャンスが回ってくるだろう」「きっと、いいことがあるだろう」神頼み的に気楽な考えでいる人に、チャンスなど巡ってこない。

いくら願望があっても、会社と家を往復する毎日。顔を合わせる相手も、話題も、帰りにぶらりと立ち寄る店も同じ……これでは偶然のチャンスに巡り合うわけがない。周囲を見回して、ないと思ったら、自分から探しに行くしかない。ただ茫然と生活していてはダメなのである。

チャンスは判で押したような日常の生活ではなく、非日常的な行動をすることから生まれる。そしてまた、目的意識を持った人の方がつかみやすい。これといって目的がなければ、下手な鉄砲数撃ちゃ当たるの精神で、自らチャンスを探しに行くことだ。何か新しいことをやってみる、いつもと違うことをしてみるだけで、何か未知の発見ができるはずである。

チャンスをつかむ人は、家でじっとしてはいない。休日は町を歩いたり、人に会いに出かけていく。興味のあるものはどんどん試してみて、次に誰かと会った時にそれを話題にする。「あの人と話していると面白い」「ためになる」ということで、人の集まりやパーティに誘われることも多く、いろいろなチャンスが舞い込んでくる。

一方、ワンパターンの生活を送っている人は、毎日に変化も刺激もなく、頭は堅くなる一方だ。万が一チャンスが訪れても、気づかずに終わってしまう。

44

運がつくまで待つ力も必要だ
準備しておかなければ、チャンスが来てもつかめない
運は、その準備が終わっている人にのみ訪れるのだ

運は予期せずやってくる。それを一つのチャンスと気づき、自分のものにするには準備が必要だ。強い目的意識を持っている人は、常にそれに関する情報を仕入れ、アンテナを張り巡らせている。目的を常に意識していることで、欲しい情報が目や耳に飛び込んでくるのだ。

一方、これといった目的を持っていない人には、それをキャッチできない。気づいても、うまく対応できない。同じチャンスが訪れた時、それをすぐつかむ準備をしている人だけが、チャンスをものにするのである。

運をつかむには、どんな状況下でも、どんなことが可能なのか、どんなプラスの結果が

出せるのかを常に見定めることが大切だ。
そのためには、一つでもいいから人より優れた能力を持っていた方が有利である。仕事に直接関係ないことでもいい。知識であれ、特技であれ、これに関しては、あの人の右に出る者はいないというものを身につけておくだけでも周囲から一目置かれるし、自分の存在をアピールできるだろう。

ハタから見ると、幸運続きと思える人でも、人の見えないところで努力しているものである。それが認められて大きなチャンスをつかんだのだ。偶然、降ってわいたようにチャンスが訪れたのではなく、準備していたからこそ、つかんだ。運は来るべくしてやってきたといえるだろう。

「なかなか運が来ない」とがっかりすることはない。いざという時のために、実力をつけたり、人にはできないことを習得しておけば、必ずいつか役に立つ。あとは、どんな小さなチャンスでも見逃さないこと。実力をつけ、いざという時のために準備をしていた者だけが、幸運をつかめるのである。

45 チャンスはどんな人にも訪れる 運がつくまで待て 運を迎える準備を整えよ

アメリカの小説家であり、映画脚本家・映画『ゴットファーザー』の原作者マリオ・プーゾはこう語っている。

「運と力は切っても切れない関係にある。運が回ってきたら、それを『やり遂げる力』がいる。また、運がつくまで『待つ力』も必要だ」と。

チャンスはどんな人にも訪れる。チャンスを我がモノにするための準備ができているか否か――それだけの違いである。

ハタから見ると、幸運続きと思える人でも、実は、降ってわいたようにチャンスが訪れるのではなく、常に準備を怠らなかったからこそ、「運」をつかんだのだ。

運がつくまで待つ！

運は、その準備が終わっている人にのみ訪れる――と言える。

「なかなか運が来ない」とがっかりすることはない。「運」がやってくるときのために、いまは実力をつけたり、人にはできないことを習得しておく準備期間だ、と考えておけばいい。

必ず「運」はやってくる。実力をつけ、いざという時のために準備をしていた者だけが、幸運をつかめるのである。

46 逆境の時こそ、つぎのチャンスを作るいい機会だ 自分を見つめ直すいい機会だ 悪い状態がずっと続くわけではないのだ

人は何度となく、失敗や挫折を経験する。身体にバイオリズムがあるように、人生にも波があり、悪いことが続くこともある。

物事をマイナスに考える傾向の強い人は、悪い結果が続くと、「自分は何と不幸なのだろう」と思い、行動することすら怖くなってしまう。

しかし、悪い状態がずっと続くわけではない。むしろ、困難な時こそ、失敗の原因について考えたり、自分を見つめ直すいい機会でもある。

「困難は、人の真価を証明する機会なり」と言ったのは、ギリシャの哲学者エピクテトスである。どんな逆境も、考え方一つで必ず自己成長の糧となる。伸びていく人は、失敗し

た事実を真正面から受け止め、その経験から多くを学ぶ。失敗の経験によって、成功しても自分を見失わず、努力を続けてさらに成功する。自信もまたひとまわり大きくなり、他人にもその教訓を伝えていける。

人生の途中ではさまざまなことが起こる。何をやっても裏目に出ることもあるだろう。しかし、困難な時こそ、来るべき運命の種を蒔く時でもある。つらい経験を乗り越えてこそ、人は成長し、成功することができるのだ。失敗したからといって、それを自分の限界だと諦めないことだ。

他人のせいにしたり、成功している人を嫉んだり、障害にぶち当たるたびに踵を返し、言い訳ばかりしている人に、幸運や幸福は訪れない。

まずは現実を受け止め、今できることに全力投球しよう。失敗は成功に近づくための助けになるはずだ。

47 プライドやメンツにこだわるな せっかくのチャンスをフィにするな 幸運は、自分も他人も幸福にするような人にやって来る

プライドが高く、尊大な態度を取っていないと気が済まない人がいる。また、何かというとメンツにこだわり、自分の過ちを認めない人がいる。このような人は、他人に対して懐疑的で、自分の弱みを決して見せようとはしない。警戒心は人一倍強く、自分の周囲に高い塀をめぐらせている。これでは、人も寄りつかないし、好機が訪れることもない。

プライドの高い人、メンツばかりを気にする人ほど、自分の容姿や能力に対して劣等感を抱いていることが多い。それを他人に知られまいとして、傲慢な態度を取ったりと、他人を見下したような態度を示す。

他人からバカにされたくない、甘く見られたくないという気持ちが強く、弱点や欠点を

覆い隠そうとする。他人に高く評価されるようなものを持っていないために、優越感を抱くことで、劣等感を補おうとする心理が働くのである。

当然のことながら、こんな態度ばかり取っていれば、人に嫌われる。

一緒にいて楽しいのは、明るく、自分の気持ちを素直に表現できる人である。自分も参加したければその気持ちを伝え、自分の意見が間違っていた時はすぐ謝る。このような人は、周囲の人々に好かれるし、パーティや集いがあると、誘われることも多い。

さまざまな出会いの場に顔を出すことで、思わぬチャンスに恵まれる。そして、さらに幸福になれる。

つまらないプライドやメンツにこだわる人は、損である。人に嫌われ、自らチャンスを放棄しているようなものだ。幸運は、自分も他人も幸福にするような人のもとにやってくるのである。

第五章

自分を変えるつぶやき

48 過去はすでに存在しない 未来のことは誰にも予測できない 悩むだけ時間やエネルギーの無駄だ

「あの時、ああしておけば……」「あの人のせいで、こうなった」

過去のことをいつまでもクヨクヨ悩む人がいる。だが、悩んだところで、時間が戻ってくるわけでも、やり直せるわけでもない。

また、「病気になったらどうしよう」と、先のわからぬ未来を危惧して夜も眠れない人もいる。そんな心配ばかりしていたら、本当に病気になってしまうだろう。

過去はすでに存在しないし、未来のことは誰にも予測できない。悩むだけ時間やエネルギーの無駄である。

人生には順風の時もあれば逆風の時もある。失敗や挫折を経験することもあるだろう。

そのたびに、自分を責めたり、他人のせいにしても、何の解決にもならない。「また失敗するのではないか」というマイナスの思い込みも、行動にブレーキをかけてしまい、かえって失敗を招く。中には、過去をいつまでも引きずっている人がいるが、過去にとらわれている限り、前に進めない。

仕事での失敗やトラブルも同じである。「また失敗するのではないか」「同じことが起こるのでは……？」とマイナスのイメージにとりつかれると、本当にその通りになってしまうことが少なくない。

起きてしまった現実を受け入れ、それについて幾つか学んだなら、毎日を新鮮な気持ちでスタートしよう。

気持ちを切り替えるには、あえて忙しい生活に身を置くのもいい。新たな一歩を踏み出し、活発に飛び回ることで、次の幸福が訪れる。

49 自己イメージが、成功・失敗を左右する マイナス・イメージをプラス・イメージに変えよ 幸福なイメージを心に描け

アメリカの臨床心理学者・整形外科医マクスウェル・マルツ

「サイコ・サイバネティクス理論」を提唱したマクスウェル・マルツは、こうも述べている。

「人はどんな場合でも、自分自身や環境に対して、自己イメージにもとづいて行動している。これは人間の心の基本的法則のようなもので、事実かどうかは関係ない。たとえば、催眠状態の人に「あなたは、いま北極にいます」と言うと、寒さに震える仕草をする。「これは真っ赤に焼けた火箸です」と言って割り箸を肌に押し当てると、熱がるだけでなく、本当に火膨れまでできてしまう――。人は事実であるか否かかかわらず、自分のイメージで外界を見、感じ、反応している証拠だ。

人間の脳や潜在意識には、過去の経験や知識などがすべてデータとして組み込まれ、日常の行動を決定する。心に描くイメージによって、その人の意識や行動も左右されるのだ。「仕事で成功したい」とあなたが望むなら、成功した自分のイメージを心に描き、きっと実現する、という信念を持つことが大切だ。

「自分は必ず成功する」「今度はきっとうまくいく」という自己暗示を繰り返しかける。困難な状況に立たされた時、挫折するか、貫き通すことができるかは、その人が心に描いているイメージが大きく左右する。

プラスの暗示は、自信を高め、目的を実現させるための強力な自己暗示法となる。それに対して、マイナスの暗示をかければ、劣等感や不安が増幅する。

どんなに頑張っても、成功した自分のイメージを頭の中に描いていなければ、成功にはつながらない。幸福な自分のイメージを描かなければ、幸福にはなれない。

幸運は、自分の可能性を信じ、前向きに行動する人のところに来たがるものだ。過ぎたことをクヨクヨし、失敗を恐れて行動をためらっている人のところには来ない。自分に良い自己暗示をかけている人ほど、幸運を招きやすいのである。

50 あきらめるな キミならできる グッジョーブ（good job）

ある女性社長のモットーは、「社員たちに自信を与えること」だという。

入社してきた社員の中には、子育てを終えて社会に復帰してくる女性もいれば、離婚したり未亡人になった女性もいる。その多くは仕事を長い間離れていたり、家庭内の人間関係で自信を失っている。そのままでは、仕事に就いても十分な能力を発揮できない場合が多い。そこで、その女性社長は、彼女たちに一通りの指示をした後、必ず、

「あなたならきっとできるわ」

の一言を付け加えるのだという。

「ブート・キャンプ」で有名なビリー・ブロンクスが、汗をビッショリかきながらも、画

面に向かって、「キミならできる！」「グッジョーブ(good job)」と言って励まし続けていたのと同じだ。

この言葉で人は意欲を高め、期待に応えようと必死で仕事に取り組む。そして、小さな成果を積み重ねて自信を取り戻し、入社当時は想像もつかなかったほどの成績をおさめる。自信と能力は相互に関連し合っている。自信を持たなければ、その人の能力を最大限に発揮することはできないのである。

あなたのオフィスにセールスマンが交互にやってきたとする。一人は、暗い顔つきをしており、弱々しい声で挨拶する。そして、自信なげに名刺を差し出し、おどおどとした口調で話す。もう一人は、明るく元気いっぱいの顔で現れ、はりのある声で挨拶をする。商品を説明する姿も、自信に満ちている。

あなたが担当者だったら、どちらの人間と話がしたいと思うだろうか。また、どちらが信頼できる人物のように思えるだろうか。

自信のない人は、否定的な自己イメージを抱いているために、口調や態度も消極的になってしまいがちだ。一方、自信のある人は、肯定的な自己イメージを持っており、物腰にも余裕がある。

51
鏡の前で背筋を伸ばし、腹を引っ込めて胸を張る顔を高くもち上げて「気をつけ」の姿勢をとる自分の中に意欲と決意がみなぎってくる

自分だけで自信を取り戻すのに参考になるのは、「鏡を使った自己演出」が有効である。ある首相は、重要な演説をする前にはいつも、鏡の前で予行演習をしていた。鏡の前で本番を演じている自分をイメージし、演説のリハーサルをする。リハーサルをしておくと、本番ではアガらずに済む。首相といえども、演説をするときにはアガっているのである。

あなたが重要なプレゼンテーションを控えている時なども、この方法は効果が高い。本番で実行する前に、押さえるべきポイントを確認しながら、鏡の前で練習しておくの

である。

鏡の前で背筋を伸ばし、腹を引っ込めて胸を張る。顔を高くもち上げて、「気をつけ」の姿勢をとってみよう。静かに腹式呼吸を繰り返そう。そうすると、自分の中に意欲と決意がみなぎってくるはずだ。

また、鏡と向き合うことで、「自分自身のイメージを客観的に眺められる」という点だ。できれば、全身が映る鏡を選び、身体の動きや全体のイメージをつかみながら、話し方や表情などをチェックしていく。

第一印象でもっとも注視されるのは、やはり顔だ。明るく笑顔の多い人は好印象を与えられる。しかめっ面で笑わない人は暗い印象を持たれる。

しかし、ふだん、自分がどのようなかおをしているのか、笑顔を絶やさない顔なのかどうかはわからない。

「他人から自分がどう見えるか」を知りたい場合も、この「鏡のテクニック」は有効である。

52 「プラス語」で押し通す そうすれば道も開ける 道は開ける

プラスの自己イメージを高めるのに、暗示がある。

自己暗示が、人間の感情や行動、思考などに大きな影響を与えることは心理学でも明らかにされているが、言葉による暗示もその一つだ。

自分に自信を持てない人、失敗して落ち込んでいる人などは、意識してプラスの言葉を自分にかけ、自己イメージをマイナスからプラスに切り替えることが必要だ。

プラスの自己暗示は、大脳生理学的にも効果がある。

脳の潜在的な部分に、言葉をインプットすることにより、意識もまたプラスの方向に向くのだ。自信を持って行動すれば、よい結果が出やすい。

いつもマイナスの言葉ばかり口にしている人は、できるだけ意識して肯定的な言葉を選ぶようにすることだ。繰り返しプラスの自己暗示をかけ、心にプラスのイメージを刻みつけることで、自然と自信が生まれてくる。

それが顔つきや言動にも表れて、周囲の人たちも、その人を自然と信頼するようになる。チャンスもそれだけ多く回ってくる。

つまり、どんなに能力があっても、運に恵まれていても、プラスの自己イメージを頭の中に描いていなければ、成功にはつながらないのである。

万が一失敗しても、「次は必ず成功させてみせる」とプラスの言葉を自分自身にかけること。たとえ成功しなくとも、マイナスをプラスに変えようとするだけで、消極的だった考えが積極的なものに変わり、前向きに行動するようになる。

明朗快活で元気な人は好感をもたれるものだ。プラスの自己イメージを抱くことは、自分が幸福になるだけでなく、周囲の人々をも幸福にすることができるのだ。

53 自慢話は嫌われる 言えば言うほど嫌われる 過去に救いを求めるな

一般に、講演などで避けた方がいい話題として、「自慢話」「下品な話」「宗教の話」がある。中でも、他人の自慢話を好む人は、世の中に一人もいないといっていい。

「私は育ちがいい」「俺は有能だ」「異性にモテる」「知り合いに有名な○○がいる」など、何かにつけ自慢をしたがる人がいるが、言えば言うほど嫌われることになる。

アメリカの哲学者ジョン・デューイによると、「人間性のもっとも深いところにある動機は、認められたいという強い願望である」という。人が自分をよく見せようとしたり、出世したいと思うのも、その欲求を満足させたいからである。

本当に実力のある人は、実際に人から高く評価されているので、その欲求はある程度満たされている。ところが、人に羨ましがられたいという気持ちが人一倍強く、肝心の能力が伴っていない人は、何とかして自分を認めてほしいと躍起になる。そこで、自己宣伝に終始する。

実家や金持ちだとか、親類はみな高学歴だと自慢したり、中途半端な知識をひけらかして教養を気取ったり、人より良いものを持って差をつけることで自分の評価を上げようとするのだ。ブランド志向やお受験がいい例だ。

聞かれてもいないのに自慢したがる人にかぎって、内実はともなっていないことが多い。自慢話は、自信のなさの表れであり、他人からバカにされたくない、低く見られたくないという不安の裏返しなのである。

「能ある鷹は爪を隠す」という。優れた鷹は獲物に襲いかかる直前まで爪を隠し、相手を油断させる。このように、優れた才能を持っている人ほど、普段はその実力を見せびらかさない。わざわざそれをひけらかすようなことをしなくても、実力があり、自分に自信を持っているので、自慢をする必要などないのだ。

もう一つ、過去の自慢話や手柄話がある。「俺は入社した頃は、これだけ頑張った」という話をよく耳にするが、新しい時代の変化に適応できなくなっていることに対して、自信を失くしている心理の表れである。学生時代、自分がいかにモテたかを自慢するのは、歳を感じている証拠。

現実の生活に不満を感じているが、その気持ちをストレートに出せないため、過去に救いを求めているのである。

こうした「昔はよかった式」の感情は、逃避規制の一つで、「退行現象」と呼ばれている。いずれも、自分に自信がないことの裏返しといえる。

見栄をはったり、背伸びをしたところで、内実がともなっていなければ、望み通りの評価は得られない。それどころか、自慢をすればするほど、自信のなさや劣等感を相手に見せているようなものである。

実際、他人の自慢話ほどシラケるものはない。話の腰を折ってまで自慢話をしたがる人は、間違いなく嫌われる。

他人に認めてもらうには、本当の実力をつけるか、他人にも関心を示すことだ。自慢したい気持ちを引っ込めて、話の聞き役に回り、相手のいいところをほめてあげる。それが、好ましい評価を得るための早道である。

54 ゼロ・サム？ ポジティブ・サム？ ポジティブ・サムでいこう

心理学で「ゼロサム・ポジティブ・サムの法則」というのがある。

たとえば、会議であなたともう一人の社員がそれぞれ企画を出したとする。どちらの企画も一長一短で、点数にすれば一〇のうち七ぐらいの出来である。賛成票はまっ二つに分かれ、あと一押しで賛成票が増えるかもしれない。さて、あなたなら次のどちらの手段を選ぶだろうか。

1）何がなんでも自分の意見を主張し、相手の企画をけなして同調者を増やそうとする。

2）相手の案も取り入れて、さらに良い企画を一緒に考える。

人が対立する場面では、この二つの相反する行動タイプに分けられる。

1は、勝つか負けるかの考え方だ。

自分の企画が通れば、高い評価を得られるが、相手に賛成票が集まれば、自分に評価は与えられない。他人の成功は自分の失敗、自分が負けたらあきらめるしかないというように二者択一に考える。

一方の利益が増せば他方の利益が減り、それぞれの利益を足し算（和／サム）するとゼロになることから、こうした事態を「ゼロ・サム」という。

つまり、相手のマイナスによって、自分の側はプラスになるという考えである。


2は、相手の案にも良いところがあれば、自分の企画と合わせて再検討し、より良い企画を立てようというように、互いにとってプラスとなる解決方法を探す。

両方とも勝つか、両方とも負けるかという考え方だが、両方とも負けてはどちらも損をするので、自分と相手が共に利益を得る方法を取ろうとする。

このように、相乗効果を優先させることをポジティブ・サム（正の和）という。

勝つためには相手を蹴落とす、能力ある人間の足を引っ張るという考え方は、ゼロ・サムの発想だ。常に目先の損得にこだわり、相手の立場を考慮することもない。

その場その場は得をしているように見えても、いずれは信用を失くし、本当に困った時、誰の協力も得られない。

一方、互いの相違点を認め、相乗効果を図るポジティブ・サムの考え方をする人は、相手に信用され好意を持たれる。

ビジネスを離れたつき合いにも発展しやすく、思わぬ人脈を得ることも少なくない。より多く幸運に恵まれ、社会的にも成功する。

長期的にみたら、こちらの方がよほど「お得」なのである。

55 自分のことばかり話したがる人は、嫌われる 会話には暗黙のルールがある 通常の会話は一方通行は成り立たないのだ

何人かで会話をしていると、自分のことばかり話したがる人がいる。

「俺の場合は……」「俺の家じゃ……」「俺が好きなのは……」

と、「俺が」「俺が」を連発して、マシンガンのように一人で喋りまくる。

他の人たちが話題を変えようとしても、すぐ自分の話題に戻す。

面白い話や、他の人にとっても参考になる話ならともかく、自分の自慢話や好み、愚痴など、どうでもいいような話ばかり。それも毎回内容が同じときては、聞かされている方は、たまったものではない。こういう人はやがては嫌われ、孤立する。

自分の話ばかりする人は、その欲求をストレートに出しているわけだが、会話には暗黙

のルールがある。演説をしているなら話は別だが、通常の会話は一方通行では成り立たない。話の主導権を他の人たちにも譲らなければ、聞き手は苛立ってくるだろう。

他人にとっても、最大の関心事は、その人自身のこと。どんな人でも話したいという欲求を持っている。興味のある話題とか、自分に得になる話題ならまだしも、基本的に話を聞くのは苦手なのだ。どうでもいい話を延々とされたら、うんざりしてくる。会うたびにそれでは、やがて敬遠し、誘われてもその人がいると聞いただけで断るようになるだろう。

他人に話を聞いてもらいたかったら、相手の話も聞くことだ。相手に興味を持ってもらうには、まずこちらから相手に興味を持つことである。他人にまったく興味を持たないで、どうして他人が自分に持つだろうか。

自分の話ばかりしている人は、我が強く、自己中心的な人である。聞き手が誰だろうと、内心不快に感じていようと、自己宣伝に夢中で気づいてもいない。

自分のことしか見えず、相手の存在など認めていないので、相手の気持ちはもちろんのこと、自分の行動が他人にどう移っているか、気づきもしない。

その結果、嫌われる。これでは豊かな人間関係は築けないし、運にも恵まれない。

56 八つ当たりをするな いずれ自分にはね返ってくる 運をつかむには、やはり好ましい人間関係を保つことだ

「だから言ったじゃないか」「君の言ってることは間違っている」

相手のミスや性格について、鋭く間違いを指摘いる人がいる。攻撃的な態度ばかり取っていれば、相手も同じような態度を示すだろう。もしも相手が部下で、上下関係がある場合、口にこそ出さないものの、内心では反感を抱くにちがいない。

なぜなら、人は自分のことをわかってほしい、自分の意見に同意してほしいと思うことはあっても、自分の間違いを指摘してほしいと思っているわけではないのだ。

人は相手によって気分や話し方、態度が変わって来るものである。いつも笑顔を絶やさず、明るい人と接すればこちらの気持ちも明るくなるし、終始不機嫌で批判的な人と接す

れば、こちらも身構えてしまう。「目には目」で、一方の接し方や人柄は、他方にも反映するのである。他人のアラを突ついたり、批判的に接してばかりいる人は、やがては集団の中で孤立していく。

世の中に完璧なものなどないように、完全無欠な人間も存在しない。他人のアラが見えるように、相手の目にも自分の欠点がみえているはずだ。ただそれを口にするかどうかの違いだけである。他人を批判したり、他人に対して傲慢な態度ばかり取っていれば、いずれは自分にはね返ってくる。

他人の欠点が見えたら、それを直してあげようなどとは考えないことだ。自分にも似たようなところがないかと反省した方が、自分自身が改善されていく。同時に、その人は長所も持っているはずだ。自分にない長所だからといって、嫉妬したり、足を引っ張れば、自分にも返ってくる。

他人の長所は素直に認めて、見習うようにしよう。そう心がけるだけで、自分自身が変わり、相手の態度も変わってくる。運をつかむには、やはり好ましい人間関係を保つことが大切なのである。

57 愚痴や不満を言うな 愚痴や不満は運を遠ざける

何かにつけ、「上司に理解がない」「給料が安い」「部下が無能だ」と、愚痴や不満ばかりこぼしている人がいる。うまくいかない原因は他人や環境のせいだと決めつけ、自分が悪いとは思わないのが「他罰型志向人間」の特徴である。

愚痴や不満の多い人は、物事のマイナス面にばかり目を向け、自分で積極的に良い方向に変える努力はしない。いつも他人や環境のせいにしては、ブツブツと文句を言っている。よくよく聞いていると、悩みの内容ではなく、「どうして自分だけが……」という考え方に問題があるようだ。

「どうして自分だけがこんな思いをしなければならないのか」

「自分のような人間が、なぜこんなところにくすぶっていなければならないのか」

自分だけがいつも損をしているという被害者意識が強いため、どこへ行っても、何をしても不満がつきまとう。

悩む原因は、その人自身の考え方にある。つまり、自分自身に不満を持っているが、それが解消されないので、他人や環境のせいにしているのである。

人は欲求不満がたまると、攻撃欲求が高まる。相手に直接それをぶつけられない場合は、別にはけ口を求める。誰かに八つ当たりをしたり、飲んで上司の悪口を言い合うのも、攻撃欲求の裏返しといえるだろう。

直接、相手に攻撃を向けられないので、悪口を言い合うことで、欲求不満を解消しているわけだ。


アメリカの心理学者ローゼンツワイクは、人々のそうした攻撃性の傾向を調べ、性格分類を行っている。彼によると、攻撃の向かう方向は、次の三つがあるという。
A）外罰方向
B）内罰方向

C）無罰方向

Aは、自分以外のことに原因の矛先を向けることだ。

仕事でミスをすれば、「上司の指示の仕方が悪い」「やることが多すぎて、十分な時間がなかった」というように、他人や環境のせいにする。プライドは保てるかもしれないが、愚痴や文句を並べたところで何も解決しない。それどころか、周囲の人たちまで暗い雰囲気にさせるので、嫌われることになる。

Bは、自分自身に攻撃を向けることである。失敗したのは自分に非があったからだと認めることは大切だが、この傾向が強すぎると、他の人の失敗まで自分のせいではないかと思い悩んでしまう。これでは、ストレスがたまる一方である。

Cは、欲求不満をごまかし、抑圧することだ。抑圧すれば、その場は丸くおさまるが、不満は鬱積し、いつか爆発したかたちとなって現れることも少なくない。

いずれにしても、愚痴や文句は、他の人の気分まで暗くさせる。物事がうまくいかないのは、環境や他人のせいではない。

不満を抱く原因は、実は自分自身の否定的な考え方にある。不足しているものを数えず、恵まれているものを数えてみよう。幸福になりたい、幸運に恵まれたいと思うなら、他人を不快にさせるのではなく、他人に喜びを与えるようにすることである。

58 「完璧にやろう」と思うな六〇%の出来で一報――気分を早く切り変えろ

「忙しい、忙しい」と溜息をついては、仕事を山ほど抱えている人がいる。このような人は、やることなすこと、完璧にしないと気が済まない。

企画書につけるグラフが気に食わないと言っては何度も作り直す。旅行に行く時は、綿密にスケジュールを立て、少しでも予定と狂うと不機嫌になる。「まだやることが山ほどある」「きちんとできたかどうか、気になって仕方がない」というのが、このタイプの口癖だ。

しかし、一〇〇パーセントでなければ気が済まないため、結局は何一つ実行できずに終わってしまうことが多い。

完璧主義は生真面目な人、几帳面な人、義理堅い人に多い。一つのものに執着すると他が見えなくなるのだ。「忙しい、忙しい」と細かいことにまで目を配ろうとして、冷静に余裕を持って物事を考えることをしない。「忙しい、忙しい」を連発するが、仕事をこなしているようで、実は増やしているだけ。おまけに、他人の意見には耳をかさず、頑固なまでに自分の考えを押しつけようとするので、一緒にいても窮屈だし、職場では口うるさい人間として敬遠される。

もっと完璧なものにしたい。納得できる成果を上げたいと望んでも、身体は一つ、費やす時間は限られている。完全無欠な人間などいないように、人間のやることに完全などありえないが、完全主義者は、最初から不可能なことを望んでしまうのだ。

もしあなたが完璧主義で、どう努力しても結果が得られなかったら、いったんそれは棚上げして、別の仕事に取りかかる。その方が頭の整理もつき、解決方法が見つかることもある。「何がなんでもやり遂げなければ――」という粘り強さは良いことだが、完璧さを求めれば、かえって問題を増やし、物事を複雑にしてしまうのである。

六〇%の出来で一報――これを習慣づけていれば、気分も休まり、仕事もはかどる。

人々に好まれるのは、おおらかで、細かいことにはこだわらない人である。そういう人の方が、仕事もできるし、遊び心がある。「仕事ができる人は遊びも上手」というが、仕事だけでなく、人生をうまく生きている人は、気分の切り替えが早く、適当にガス抜きをしているものだ。一方、完璧主義者は生真面目なために、気持ちにゆとりがない。

どう努力しても結果が得られなかったら、いったんそれは棚上げして、別の仕事に取りかかった方が、頭の整理がつき、解決方法が見つかることがある。

「何がなんでもやり遂げなければ……」という粘り強さはいいことだが、完璧さを求めれば、かえって問題を増やし、物事を複雑にしてしまうのである。

第五章　自分を変えるつぶやき

59 物事をスピーディに、効率よく行うには、優先順位をつけよ すべてラクになる優先順位をつけよ

完璧主義者の困った点は、細かいことに目が行き、どうでもいいことに時間を費やし、全体を見渡せないことにある。全体が見えなければ、バランスもわからないし、何を優先させたらいいのかもわからない。

物事をスピーディに、効率よく行うには、優先順位をつけてみることが大切だ。

参考になるのが、イタリアの社会学者・経済学者のヴィルフルド・パレートが発見した「八〇対二〇の法則」である。

彼によると、「あらゆる項目が価値の順序に配列されている場合、総価値の八〇パーセントは、残りの二〇パーセントから生まれる」という。

これは「パレートの法則」とも呼ばれており、時間配分および経営資源の理想的な方法として広く知られているものだ。

たとえば、社員一〇〇人、年商一〇〇億円の会社Fがあるとする。調査してみると、上位二〇人の社員で約八〇億円を稼ぎ出していることが多い。

この割合は代理店も同じで、上位二〇パーセントの代理店が総売り上げの八〇パーセントを占めるケースは少なくない。

アメリカの時間管理コンサルタントのアラン・ラーキンは、「パレートの法則」をもとに、六つの例を挙げている。

1）売り上げの八〇パーセントは、二〇パーセントの顧客からもたらされる
2）生産高の八〇パーセントは、二〇パーセントの生産ラインで生産される
3）使用するファイルの八〇パーセントは、二〇パーセントのファイルから取り出す
4）電話の八〇パーセントは、二〇パーセントの人からかかってくる
5）病気欠勤の八〇パーセントは、二〇パーセントの従業員がとる

6）ごみの八〇パーセントは、床面積の二〇パーセントのところに存在する

各比率が必ずしも八〇対二〇をさすわけではなく、数値は若干変わることもあるようだが、ラーキンによれば、その変動幅は極めて小さいという。

これを一〇項目ある仕事の課題に置き換えてみると、一番重要だと思うものを二つだけすれば、総価値の大半（八〇パーセント）は達成できるということだ。

さして重要ではないもの、いつでもできるものには手をつけず、当面やらなければならない最重要目表を二つ選ぶ。その二つに、時間と頭脳とエネルギーを集中するだけで、八割方達成したも同然なのである。

その方がはるかに効率的だし、無駄なことに時間や労力を使わず、さらに余計なストレスも抱え込まずに済む。

60 素直に聞く 素直に聞く 素直に生きる

どれほど能力にすぐれた人でも、仕事は一人ではできない。うまく仕事を運ぶには、やはり周囲の協力が必要だ。

自分が向上し、なおかつ他人を自分の思い通りに動かすために必要な要素の一つは素直さである。

若くして居酒屋チェーンのビジネスを始めた人物が、「中途採用者を面接する際の判断のポイントは?」と聞かれて、こう答えている。

「年齢や経験はあまり関係ないですね。この仕事は初めてだという人の方が多いし、同業者で実力のある人は、いい条件の店にとっくに引き抜かれていますから。それよりも、やはり素直さでしょうか。プライドばかり高い人は、教えても伸びません」

「素直」というと、人の言うことを何でも従うとか、従順な人と想像する人もいるが、ここでいう素直とは、頭が柔軟であるという意味である。わからないことがあったら、相手が年下だろうがどんどん聞く。「聞くは一瞬の恥、聞かぬは一生の恥」という言葉があるが、プライドやメンツにこだわる人ほどこれができない。

「自分自身に素直に生きる」こと。これは一番重要である。

今の生活は、自分が望んでいるものか？　幸福を感じているか？　本当はやりたいことがあるのに、世間体や周囲の目を気にして、望んでもいない人生を送っていないか？　素直に自分の純粋な気持ちを確かめてみることが大切だ。

61 運は誰のもとにも訪れる 何か一つ優れたものを持て 相手に対して何らかの影響力を

運は誰のもとにも訪れる。しかし、どんな人にも、同じだけの運がめぐってくるわけではない。その人の素養、能力、人柄によって、訪れる運も違う。大きな運をつかむには、それをつかむだけのものを身につけていなければならないのである。

一つの目標を達成するためには、他人の協力も必要になってくる。その場合、相手にも何かメリットがあれば、協力を得やすい。

具体的に、どうすれば人は動くのか。一般に、人が持つ影響力は、次ページの六つのパワーに分類される。このうち、どれか一つでも持っていれば、相手が自分のために動いてくれる可能性は高い。

①正当性パワー　②情報性バワー　③報酬性パワー　④懲罰性パワー　⑤専門性パワー

⑥準拠性パワー

以上が六つのパワーだが、正当性、報酬性、懲罰性は限られた人しか持てない。だが、情報性、専門性、準拠性などは、努力次第で身につけることは可能だ。

詳しくは次のようになる。

①正当性パワー

相手を従わせる役割や地位、権限などを持つ。父母と子供、教師と生徒、上司と部下といった関係。部下が従うのは、相手が自分の上司で、命令を与える権限を持っているからである。

②情報性パワー

相手の求める情報を持っている。いわゆる情報通の人は、あちこちで重宝がられる。人々にとって価値のある情報を入手できる能力を持つ人は、それだけでも一つの影響力となる。

③報酬性パワー

一方が他方に報酬（金銭的・心理的）を与える権限を持つ。経営者と社員の関係など。報酬には賞与、高い評価、ほめることなども含まれる。

④懲罰性パワー

相手が指示や命令に従わない時は叱責したり、懲罰を与える権限を持つ。軍隊でいう教官（教師）と隊員（生徒）の関係など。

⑤専門性パワー

専門的な知識や技能、経験を持つ。

⑥準拠性パワー

人間的魅力。人柄のいい人や周囲から好かれている人は、いざという時、人々の協力を得られる。

急速に変化する時代では、やはり新しい情報に詳しい人は何かと便利だ。また、専門的な知識や技能、経験を持っていれば、周囲から一目置かれる存在となり、尊敬・信頼を寄せられる。人柄については言うまでもないだろう。

人を動かすには、相手に対して何らかの影響力を持つこと。すなわち、相手にとっても、協力することで何かプラスになるようなものを身につけていることが必要なのだ。

第六章

自分を活かすつぶやき

62
他人は自分を映す鏡である 自分自身を客観視できるチャンスだ 他人は自分を映す鏡だ

私たちは何をもとに自分がどんな人間なのかを判断しているのだろうか。自分自身を知るには、一人で考えてもわからない。人は無意識のうちに、他人と自分とを比較しているものだ。人づき合いを通じて、自分がどんな人間かわかる。だが、それだけでは自分自身を理解したとはいえない。

どんな人でも一人や二人、嫌いな人、苦手な人がいるはずだ。嫌いな相手は、その人の短所が嫌いというケースが多いが、そこには自分自身が投影されていることが多い。相手の短所と似たような部分を自分自身が持っているかもしれないのである。

あなたにとって嫌いな人、苦手な人を思い浮かべてほしい。相手のどこが嫌いなのか。

「目立とう精神が旺盛で、鬱陶しい」「押しつけがましい」「意地悪だ」「人によって態度をコロコロと変える」「お金にセコい」「自惚れが強い」「ゴマすり屋」……と、いろいろ嫌いな点はあるだろうが、なぜそこがどうしても許せないのかを客観的に分析してみることも必要だろう。

もしかしたら、嫌で嫌で仕方がないそうした部分を、自分自身も持っていないだろうか。「あの人とはどうもウマが合わない」と思う相手は、実は自分とよく似ていないか。

相手の嫌な部分に自分の影を刺激し、認めたくないもう一人の自分の姿を相手に投影させているため、嫌悪感を感じるわけである。心理学者ユングはこれを影（シャドウ）と呼んでいる。

「虫が好かない」「顔を見るだけで腹が立つ」という相手がいたら、自分自身を客観視できるいいチャンスである。自分にもそういう部分があると思えば、相手に対する見方や態度も変わってくるだろう。

人は他人を通して自分の気づかなかった部分を知る。まさに、他人は自分を映す鏡なのである。

人の心には四つの窓がある

63 自分自身を知れ「明るい窓」を広げよ そして「未知の窓」を減らしていこう

ギリシャ七賢人の一人、ギリシャの自然科学と哲学の父といわれるタ一レスは、ある青年に「この世の中で一番難しいのは何でしょう?」と聞かれた。タ一レスが答えて曰く、「自分自身を知ることだ」と。

「では、一番簡単なことは?」と聞かれたタ一レスは、片目をつぶってニヤリとして言った。「他人に忠告することだよ」と。

人は誰しも自分のことは自分が一番よく知っていると思っているが、それは大きな誤解だ。というのも、自分が知っている自分と、他人の目に映る自分とがいつも同じとは限らないし、自分の知らない未知の部分も存在するからだ。

自分という人間を観察するうえで、参考になるものに、『ジョハリの窓』がある。アメリカの心理学者ジョセフ（Joseph）・ラフトとハリー（harry）・インハムが共同で作ったことから、二人の名前を取って、The Johari Window と呼ばれている。

彼らによると、人間の心には次の四つの窓があるという。

①明るい窓　②隠された窓　③盲目の窓　④未知の窓

①は、開け放たれた窓で、自分も他人も知っている自分

②はカーテンがおろされた窓で、自分は知っているが、他人には見えていない自分

③は他人には見えるが自分の知らない自分

④は自分も他人も知らない自分

職場では、内気で無口な人でも、仲の良い友達とはよく喋ったり、趣味の話になると、人が変わったように冗舌になる人がいる。たまたま職場では消極的なだけで、相手や話題によっては明るく快活で、楽しく会話できるのである。

とはいうものの、ごく一部の自分しか見せないのでは、好印象を与えることはできない。

そこで、四つの窓を、自分を知り、かつバランスの取れた人間関係を作るための目安として活用してみるのである。

たとえば、「明るい窓」の大きな人は、開放的で、積極的に人間関係の輪を広げていく。また、「隠された窓」の多い人は、閉鎖的で他人に心の内を見せないので、親しみをもたれない。「盲目の窓」が多い人は、人間関係でトラブルを起こす。

一般に好かれる性格とは、明朗快活で思いやりがあり、信頼のおける人である。「私は内気なので、感情表現が下手」「ネクラで、人とうまく話せない」という人は少なくないが、人間は本来多面性を持っている。自分が知っている自分は、その中のほんの一部にしか過ぎないのだ。

消極的な性格で悩んでいる人は、このジョハリの窓をもとに、「明るい窓」を少しずつ広げ、「未知の窓」を減らしていくことである。

64
口は一つ なぜ耳は二つ? 自分が話す倍だけ他人の話を聞かなければならないから

ユダヤ格言に次のようなものがある。「人には口が一つなのに、耳は二つあるのは何故だろうか。それは自分が話す倍だけ他人の話を聞かなければならないからだ」。

しかし、人はつい自分の話をしたがる。あるいは、相手に会話を楽しんでもらおうとして、面白いような出来事を話したり、冗談を言ったりする。

しかし、もっとも感謝されるのは、相手の話を熱心に聞いてあげることだ。それだけで相手は満足する。

どんなに実力があっても、それをバックアップしてくれる人がいなければ成功できない。良い仕事にも、チャンスにも恵まれない。人は良く見せようとして、自己宣伝をしたり、格好をつけたりする。どうしたら、相手の心をかめるかということばかりに頭を悩ませるが、「人の話をよく聞いてあげる」だけで十分なのである。

話し上手といわれる人は、相手の話を親身になって聞く。それだけで、相手は満足し、もっと話そうとするだろう。誰もが自分を認めて聞いてほしい、自分の気持ちをわかってほしいと願っている。自分の話を誰かが親身になって聞いてくれれば、嬉しくなって、もっと話をしたくなる。そして、自分の話を快く聞いてくれた相手に対して好意を持つ。こちらの話を聞いてもらうのではなく、相手が話をしたがるようにしてあげるのである。

名インタビューアーは、事前に相手に関する情報をできる限り調べておく。また、会話で相手を楽しませるよう、日頃から好奇心を持って、さまざまなことを見聞きしておく。相手が欲しがる情報もあらかじめ用意し、会話の最中さり気なくそれを教えてあげる。

そうした話の引き出しをどれだけ多く持っているかどうかも、話し上手になるための要素といえるだろう。

相手の話を聞く場合は、互いにリラックスできるように、冗談などを言って、くつろいだ雰囲気を作った方がいい。そして、途中で話を遮らず、最後まで聞いてあげること。

また、質問したら、相手が返事をするまで待つことも大切だ。せっかちな人は、話を遮って自分の意見を言ったり、すぐに答えがかえってこないとイライラしたりするが、急かされると話し手は会話を続ける気をなくす。悩みを相談された時なども、とにかく最後まで聞いてあげ、解決策を一緒に考えようという態度を示す。

話し手は、問題解決よりも、自分の気持ちをわかってほしいと思って話すのである。

「口下手で悩んでいる」「初対面では緊張して、会話が途切れがちになる」という人は、うまく話そうという気持ちは捨てて、相手の話に耳を傾けよう。聞き役に回るだけで、相手から感謝され、好意や信頼を寄せられるのだ。

会話が弾めば、自分も楽しい時間を持てるし、話を聞くことで、いろんな情報が入ってくる。物事を違った角度から見られるようになり、自分自身も豊かになれる。また、人が集まるようになれば、良いチャンスにも恵まれる。

聞き上手になるだけで、このようにメリットは多いのである。

65 強い人間になれ 自分の心をコントロールできる人間であれ 感情をうまくコントロールできる術を身につけよ

「あの人は器が大きい」「彼は小物だ」という言い方をしばしば耳にする。人間としての技量がもっともよく表れるのは、逆境に陥った時、また他人と意見が衝突した時である。「臆病な犬はよく吠える」というが、器の小さい人は、たちまち感情的になる。ましてや、相手がミスでもしようものなら、すごい剣幕で相手を責めるだろう。

一方、器の大きい人は、冷静に対処する。自信のある人ほど、物腰が柔らかく、小さなことにこだわらない。感情をうまく抑えるテクニックを身につけているのである。

夏目漱石は弟子たちとよく議論したが、理屈に合わないことを言い出すことがたびたびあった。若い弟子の一人が、「先生の話を聞いていると、タガが緩んでいるとしか思えません」と言うと、漱石は涼しい顔でこう言ったという。「それは君の思い違いだよ。私にはタガは緩むことなんてない。もともと、タガなんてないんだから」

年下の部下や後輩に自分の欠点を指摘されたら、「生意気なやつだ」とばかりに言い返す人が多いが、それを冗談で返したところに、夏目漱石の余裕がうかがえる。

そもそも、ユーモアは、心に余裕がなければ生まれない。自分のことだけで精一杯な人に、ジョークなど考えているゆとりはないのだ。自分の短所や欠点をジョークにしてしまえる人は、本当に余裕がある人である。

こういう人は、いつも穏やかで、小さなことで怒ったり、イライラしたりすることはほとんどない。感情をうまくコントロールできる術を身につけているからだろう。

しかし、皆が皆、そうした余裕があるわけではない。やはり人間だから悩みやストレスは抱える。

そんな時は、どうすればいいのか。もっとも身近で簡単な解消法は、誰かに不満や悩みを話すことだ。誰かに悩みを打ち明けることで胸のつかえがとれ、気持ちが晴れる。ことに親しい人とのお喋りは、拡散効果を持っている。しかし、顔を合わせるたびに悩みごとの相談では、相手もうんざりしてくるに違いない。

誰にも迷惑をかけずにフラストレーション解消する方法を紹介しよう。それは、自分の気持ちを紙に書きだしてみることである。

アメリカの作家マーク・トウェインがまだ無名だった頃の話。

編集者に原稿を突き返されたり、手を入れられたりするたびに、彼は憤怒した。どうにも腹の虫がおさまらない。そこで彼は、そのつど編集者に抗議の手紙を書いた。書くと、気分がスッとして、怒りはおさまった。

それを受け取る編集者は、「二度とトゥエインなんかに書かせてやるものか！」と思うだろう。しかし、そうはならなかった。なぜなのか？

手紙を出しても出さなくても、書くことで夫の気持ちが晴れるのを知っていた妻は、途中から手紙を投函するのをやめた。

つまり、手紙は編集者に届いていなかったのだ。やがて、彼はそれを知ったが、腹を立てた時は、文章にすることで自分の気持ちをしずめるようにしていたという。

あなたも感情がおさまらない時には、文章に書き記すのもいいだろう。腹の立つ相手に宛てるつもりで、怒りや鬱憤を吐き出すと、気分がすっきりしてくるものである。書いたあとは、その手紙を丸めてゴミ箱に捨てればいいのだ。

間違っても（返信メール）では書かないこと。うっかり「送信」ボタンを押したら後の祭り。「メールでは抗議を書かない」は鉄則だ。

66 相手に合わせて対応できる柔軟性を持て 自己モニタリング能力（人間関係の中で自分の言動をコントロールする）を高めよ 周囲の環境に適応しながら自分らしさを出せ

ドイツの哲学者であり、社会学者のジンメルが言う。「最高の処世術は、妥協することなしに適応することである」と。

一〇年ひと昔と言われていたのが、今では二、三年と時代のスパンは短くなりつつある。急速に変化する時代では、一つの常識や価値観にとらわれているわけにはいかない。状況に合わせて自分も変わり、臨機応変に対応していかないと、たちまち時代に取り残される。

「今の若いやつときたら……」

こんな言葉が出るようになったら、時代に乗り遅れている証拠。若い世代にはついていいけない、だから同世代としかつき合わないのでは、「頭の堅い人間」とみなされるのがオチだ。

人々の価値観や生き方が多様化している中で、どんな相手ともソツなくつき合っていくには、ある程度妥協しなければならないと思っている人が多い。しかし、妥協する必要はない。その中に、適応していけばよいのである。

ここであなたの適応度をチェックしてみよう。次のうち、あてはまるものはいくつあるだろうか。

1　相手や状況に合わせて、うまく自分の口調や態度を変える。
2　楽しくなくても、楽しそうなフリができる。
3　時と場合によっては、もっともらしい顔で嘘がつける。
4　人の物まねが上手いとよく言われる。
5　他人の目や表情から、本音や嘘がすぐ見分けられる。

人間関係の中で自分の言動をコントロールすることを「自己モニタリング」という。五つの項目のうち、四つ以上当てはまる人は、自己モニタリング能力がかなり高い。相手や状況に合わせてうまく自分を演技し、相手の期待通りに行動できる人だ。こういう人が一人でもいると、その場が明るくなったり、会話が弾むので、つき合いやすい人という印象を与える。

それに対して、自己モニタリング能力が低い人は、自分を変えてまで相手に合わせようとは思わない人だ。個性的な人、生真面目な人などに多く、正直なだけに、信用はおける。しかし、どこへ行っても、誰と話しても自分を曲げないでいると、「融通のきかない人」「頑固な人」という印象を与える。自分には真正直かもしれないが、ある程度の協調性は必要だ。

人とうまく適応していくには、自己モニタリング能力を高めることが必要だ。ただし、度が過ぎれば、「お調子者」「カメレオン人間」として敬遠され、信用を失う。協調性がなさすぎると、窮屈な感じを与える。

モニタリング能力には個人差があるが、周囲の環境に適応しながら自分らしさを出す、といったバランスが大切だろう。

どんな人と会っても、それなりに会話を楽しめる人、今の会社を辞めても、どこでも通用できる人……今後の時代は、自分を軸に、時代や社会にうまく適応し、臨機応変がきく人の方がやはり有利である。

67 自分が相手に関心を持っていることを示せ
こちらから歩み寄る姿勢を示せ
歩み寄る姿勢を示せ

人間の最大の関心事は自分自身のことである。誰もが、自分の話を聞いてほしい、自分の気持ちをわかってほしいと思っている。

その欲求を満たそうと、自分がいかに素晴らしいか、優れているかを延々と語る人がいるが、かえって逆効果。相手の関心を自分に向けたければ、まず相手に対して関心を持つことだ。

自分の存在にほとんど注意を払わない相手に、関心を抱く人がいるだろうか。

論語にこんな言葉がある。

「他人が自分を認めてくれないことを気にかけるな。自分が他人を理解し得ないことを気に病むことだ」

出会いを、両者にとってプラスにするためには、まず相手に関心を持ち、こちらから歩み寄る姿勢をみせることである。

互いに信頼や好意を持ち、尊重し合える人間関係を築くことができれば、良いパートナーシップが築けるにちがいない。

68 頼みごとをされたら、ビッグチャンス
見返りを求めるな
自分の範囲で他人に親切に

アメリカの社会評論家デール・カーネギーは言う「ビジネスで成功する一番の方法は、人からいくら取れるかをいつも考えるのではなく、人にどれだけのことをしてあげるかを考えることである」と。

思いやりのない人、物事をすべて損得勘定ではかろうとする人は、人に与えることは損だと思っている。見返りがあるならともかく、タダで他人に親切にする人間の気持ちが理解できない。

そういう人は、他人が困っているのを見ても何もしないので、相手からも何も返ってこない。いざ自分が困った時に、誰も手を貸してくれる人はいない。

また、困った時に助けてもらったのに、感謝を示さない人もいる。私たちはつい心のどこかで相手からの見返りを求めてしまうものだ。自分が願っていた通りのことをしてくれないと、「あれだけ助けてあげたのに、恩をアダで返した」「信頼していた人に裏切られた」と不満を抱く。

人間関係に悩みがつきまとう原因の一つは、相手に見返りを求めることにある。見返りを期待していたからこそ、裏切られたと感じるのだ。

人に親切にする時は、見返りは求めず、できる範囲で何かしてあげたほうがいい。相手から何も返ってこなくても、不快な気分にならなくて済む。相手にとっても、押しつけがましく感じられない。他人に親切にすれば気分はいいし、自分の気持ちに余裕があることを確認できる。いつも他人のためによくしてあげれば、好意を持たれ、信頼も得られる。

自分のできる範囲で、他人に親切にしてあげる——たったこれだけで、人間関係はうまくいき、運も開ける。

69
自分とは違うタイプの人間とつき合え 違うタイプの人こそ自分を成長させる それがあなたを成長させ、人生に運をもたらす

「類は友を呼ぶ」と言われるように、人は自分と似た人間と親しくなりやすい。学生時代を振り返ってみてほしい。真面目な優等生タイプは同じ優等生タイプと親しくなり、不良タイプは似た者同士でグループを作っていく。

社会人になってからも、知りあい、親しくなる相手は、やはり似たもの同士であることが多い。たしかに、考えや好み、価値観が似ている相手と一緒にいるのは楽だが、同じ穴のムジナではモノの見方も偏ってしまう。

視野を広げ、バランスの良い人間関係を保つには、自分と違うタイプとつき合うことだ。多くの人たちと接すれば、考えや価値観の異なる人が必ずいる。だからといって、「自分とは合わない」と決めつけ、必要以上に距離を置いたり、敬遠する人は、自己中心的で

偏狭的な考えの持ち主である。そんな人に限って、相手に歩み寄ったり、理解しようと努力するわけではない。

面接官のように、人を一方的に判断し、自分に合うか、合わないかを判定基準にする。人を選択する権利をあたかも自分だけが持っているように錯覚しているが、他人の目には幼稚で融通の利かない人間と映っていることに本人は気づかない。

他人が変化してくれることを望んでも土台無理である。人間関係を好ましくするには、まず自分が変わるしかない。他人と違って当たり前、互いに合う接点を見つけ、つき合いを続けた方が、自分にとってもプラスになる。実際に、考え方や価値観の異なる人と話すと、それまで気づかなかったものが見えてくるものだ。

「ほう、こういう考え方もあるのか」「こんな生き方もあるんだな」というように視野が広がり、自分自身をより客観的に見られるようになる。さらに、相手の良いところを見習おうと素直に思えば、一回り大きな人間になり、人づき合いの輪も広がる。

多くの人脈を持つことは、それだけチャンスが増えることでもあるのだ。自分と違うタイプの人と出会ったなら、自分をもっと向上させてくれる人だと思って、積極的に話しかけてみよう。それがあなたを成長させ、人生に運をもたらす。

70 会話は経験によって磨かれる 相手の言い分に耳を傾けよ 耳を傾けよ

人は誰もが自分の考えや意見は正しいと思っている。自分を支持してくれるような人を優遇し、自分の考えが正しいことを証明するような情報を集めたがる。

中には、自分と意見が違う人は、「価値観が違う」「世代が違う」と決めつけ、排除するか、無視しようとする人もいる。

しかし、「自分はいつも正しい。相手が間違っている」という言動を常に取っていたら、人々の反感を招く。相手を理屈で負かしたところで、相手を説得したことにもならないのだ。

意見が違う時は、相手が間違っていると決めつけるのではなく、相手の言い分にも耳を傾けることが大切だ。苦情を言われた場合も、相手が感情的になっているからといって、「目には目を」とばかりに反論しても、対立感情が高まるばかりである。

まずは相手の言い分に耳を傾け、「なるほど。おっしゃることはよくわかりました。ただ、私個人の意見としましては……」と切り出せば、相手も耳を傾けようとするだろう。仮に相手が間違っていたとしても、「確かに一理ありますね」と言い、自分の意見を述べた方が、相手も素直に聞いてくれる可能性が高くなる。

会話は経験によって磨かれていくものだ。数多くの人と話すことで、人を見る目も養われる。人間的器も大きくなり、人間関係の輪も広がる。また、多くを受け入れる人には、それだけのチャンスも舞い込んでくるのである。

71 言葉の使い方を間違えるな
言葉の使い方を間違えると、誤解や衝突を招く

重要な会議の前に、取引先の担当者から電話がかかってきた。二、三日中に連絡すればいい相手である。あなたなら、どう対応するだろうか。次の中から当てはまるものを選んでほしい。

①すみません。今忙しいんです
②これから会議がありますので
③あらためてお電話差し上げます
④他の電話が入りましたので
⑤その件に関しましては、またお電話させていただきます

イギリスの教育家であり、随筆家のチャートン・コリンズはこんなことを言っている。「われわれは行いによって友人を作るよりも、言葉によって敵を作ることの方が多い」と。人が親しくなる過程で、会話は重要な役割を占める。会話は人とのコミュニケーションを円滑にするための手段ではあるが、言葉の使い方を間違えると、誤解や衝突を招く。

冒頭の五つの答え方のうち、もっとも反感をもたれるのは①である。友人同士ならともかく、相手が取引先の人間ならば、やはり丁寧に対応すべきだ。

②もストレート過ぎる。先方にとっては、相手が会議に出ようが出まいが、自分の用件を伝えるために電話をしているのである。

④は、自分からの電話がないがしろにされているようで、いい気はしないだろう。

やはり好ましいのは、③か⑤である。かといって、ただ丁寧に話せばいいわけではない。本心から出た言葉でなければ、相手にも伝わらない。また、「後ほどお電話します」と言ったにもかかわらず連絡を怠れば、たちまち信用を失うにちがいない。

人間関係や社会的状況における言葉の使い方を研究している分野を、ソシオ・リングスティック（言語社会学）と呼ぶ。同じことを頼む場合でも、言い方一つでニュアンスは違ってくるだろう。

たとえば、相手と意見が違う場合、「それは間違っています」と頭ごなしに否定されたら、あなたはどう感じるだろうか。意見の内容そのものより、相手に対して反発を抱くにちがいない。相手が攻撃的な言い方をすれば、「目には目を」で、こちらも自分の意見に固執するようになる。

「自分は絶対に正しい」「一〇〇パーセント、間違いない」「みんなそう言っている」などの言葉も、同じように反感を持たれる。相手を説き伏せるどころか、反感を持たれるのがオチだろう。

誰でも、自分の意見を真っ向から否定されたり、批判されるのは嫌なのだ。

人に自分の意見を通したい時は、相手の言い分にもじっくりと耳を傾け、それが間違っていたとしても、「ええ、おっしゃることはよくわかります」と言い、「ただ、私としては……」という言い方をすれば、相手も素直に聞いてくれるだろう。

話し合いの場では、感情的にならず、相手を真っ向から否定せず、まずは冷静に意見を交わしましょういう姿勢を示すことが大切である。

また、自分の意見が間違っていた時は、素直に謝ること。謝るのがシャクで、「私もそういう気がしたが、○○さんがこう言っていたから」「○○にそう書いてあった」と自分以外のものに責任を転嫁する言い方はもっとも反感を買う。

相手が聞きたいのは、なぜ間違ったかではなく、間違ったことに対する謝罪である。プライドの高い人ほど、謝ることは自分を低くすることだと思い込んでいる人が少なくないが、ものの言い方一つで、相手に与える印象は違ってしまうのである。

72 いい意味で、人を魅きつける何らかの魅力を持て

デカルト（フランスの哲学者）

どんな職業であれ、魅力的な人はその人独自の雰囲気を持っている。温かみを感じさせる笑顔、ソフトな物腰、穏やかな話し方、自分の仕事に対する揺るぎない自信、あるいは未来に向かってつき進む強いエネルギー……。個性派の時代と言われているが、日本社会では「出る杭は叩かれる」の風潮が強かっただけに、その人らしさをうまく表現している人が少ないようだ。

個性を出しすぎるのもいけないし、あまりにも見せないのでは存在感は薄い。自分なりの個性をバランスよく、かつさり気なくアピールしていくには、どうすればいいのか。

知人に手品の好きな人がいて、酒の席で場が白けてくると、皆の前で披露させられるという。本人は若い頃、本気でマジシャンになろうと思っていたぐらいなので、芸もありふ

れたものでなく、凝ったものが多い。新しい手品を考えれば、それを人に見せたくなる。需要と供給がうまく噛みあって、接待の場でも盛り上がり、その会社ではなくてはならない存在になっている。仕事で業績を上げるのはもちろん大切だが、こうした遊び心を持っている人は、社内でも人気者になれる。

また、ファッションのセンスにもその人の個性が出る。それをうまく表現できる人は、初対面で相手に存在感を与える。中肉中背でありふれた顔立ち、昔のいわゆる「ドブネズミ色」のスーツ姿で、会話もパッとしない……これでは、相手にすぐ忘れられてしまうだろう。

「おしゃれは女のするもの」「男は見た目じゃない」と言っている人は、すでに時代遅れ。ビジネスの場では、自分の存在をアピールし、顔や名前を覚えてもらわなければならない。派手な色のスーツは着られないにしても、ネクタイの柄や、財布や手帳などの小物なら、自分らしさを表現できるはずだ。

今後は企業だけでなく、個人も人生計画を再建築していかなければならない時代だ。人を魅きつけるものを持っている人は、人々の目にとまりやすいだけに、幸運を呼び込める。

第七章

良好な人間関係を築くつぶやき

73 ちょっとした気くばりが好印象を与える 自分の立場と同時に、他人の立場から物事を見よ 他人の立場から物事を見よ

グループで会話などをしている時、誰かが煙草に火をつけると、そっと灰皿を近づけたり、誰かのグラスが空になっているのを見てさり気なくおかわりを聞いたりと、細やかな気配りができる人がいる。

また、聞きながら会話の先を促したり、緊張している人には冗談を言ってその場を和らげることも忘れない。こういう人が一人でもいると、会話はいっそう楽しいものになる。気配り上手な人は、相手の気持ちを読む能力に長けている。

相手が今何を考え、他の人にどうしてほしいのかを読み取る能力を持っているのだ。

ビジネスで成功した人たちに共通しているのは、人の心を読む能力が優れていることで

ある。他人の気持ちに敏感で、気配り上手なのだ。初対面では笑顔を絶やさず、相手を明るい気分にさせる。顔つきや口調は穏やかで、ソフトな印象を与える。意見が違っても、決して感情的になったりしない。相手が立場的には下であっても、プライベートな話題では対等に接し、ジョークなどを飛ばして楽しい会話を心がける。

気配りの上手な人は、相手は何を欲しているのか、どうすれば、相手の欲求を満たしてあげることができるのかを常に考える。他人の欲求や願望を知り、なるべくそれに答えてあげようとする。

セールスの世界でも、トップセールスマンは、気配り上手で相手の心を読むテクニックを身につけている。最初から商品の説明をせず、客の話を熱心に聞いてあげ、相手に有利な情報を提供するなどして、客の心をつかむ。

気配りの上手い人は、他人のためにあれこれしてあげているので、何かと用事を頼まれることも多く、一見損をしているように見られがちだ。しかし、他人から好意や信頼を寄せられ、ビジネス・チャンスにも恵まれることが多い。

74 できるだけ上機嫌でいるように努めよう
明るくふるまえ
笑う門に福来たる

フランスの思想家アラン・ヴァレリーは、『幸福論』の中で「不愉快なことがあった時は、できるだけ上機嫌でいるように努めよう。そうすると、小さな悩みは消え、豊かな心を持てる」と。

上機嫌療法を推奨するヴァレリーは続けてこう語る。

「イライラしている時、何もかもが気に食わなく思えてくるが、こういう時こそ、上機嫌療法をやってみることだ。たとえ不運や、つまらない問題に直面しても、できるだけ上機嫌でいようと努める。すると、不愉快な出来事も、上機嫌な種になる」

つまり、上機嫌のふりをしていると、心まで機嫌がよくなってくるという。

古代ギリシャの自然哲学家デモクリトスは、「笑う哲人」と呼ばれていた。彼は博識ぶりをひけらかすことなく、いつも明るく豪快な人物だったらしい。人生の目標は「快活であること」、すなわち楽しむことだと唱えていたほどである。

デモクリトス曰く。快活でいるためには、暴力や極端な情熱に走らず、さりとてクソ真面目でもなく、ほどほどが一番だという。

彼は九〇歳で他界するまで、温和で、友情を大切にし、楽しく生きるをモットーに快活な生活を送った。当時、アリストテレスをしのぐ天才だったといわれているが、人々から親しまれ、好かれていたことが想像できる。

デモクリトスが滅多に怒らず、心の平静を保っていたのは、彼が人間として成熟し、深刻な問題でも笑い飛ばしてしまえるぐらいの余裕があったからだろう。

私たちの身近をみても、いつも笑顔で明るい人が一人や二人はいるものだが、悩みが一つもない人はいない。もしかしたら、彼らも心の中に深刻な問題を抱えているかもしれない。それでも、人前で明るくふるまえるのは、自分の感情をうまくコントロールする術を知っているのである。

明るく笑顔をふりまく人は、みなに親しまれる。明るい性格は、一つの財産といえる。誰かと会いたいなと思った時、真っ先に思い浮かべるのは、相手の笑顔である。明るくいつも笑顔でいる人は、人の気持ちを和ませるので、人間関係も円滑にいく。

「笑う門には福来る」というが、いつもにこにこしている門（一族、一家族）には自然と幸福がやってくるというのも、当然なのである。

もしも上機嫌でいたいと思ったら、笑顔を浮かべ、機嫌よく話したり行動することである。疲れてだるい時、体調がすぐれない時、「ああ、疲れた」と繰り返し言っていると、疲れが増してくる。そんな時は、「まだまだ大丈夫だ」「もうちょっとやってみるか」とプラスの自己暗示にかけ、明るい笑顔を作ってみよう。何となく元気が出て、上機嫌になってくるものである。

言葉の暗示は、自分をうまくコントロールするのに効果がある。プラスの暗示はプラスの結果を生みやすいのだ。疲れている時こそ機嫌よくふるまい、楽しい会話を心がけよう。快活にふるまうことで、人生も好転してくるはずだ。

75 目をそらす 額に手を当てる 鼻をこする は、ウソをついている時のしぐさ

最初会った時は礼儀正しく、信頼できそうに見えた人が、つき合ってみたら、嘘つきでいい加減な性格だった、という話は珍しくない。

人は初対面では、できるだけ相手に好印象を与えようとするが、さらに自己演出の巧みな人がいる。何度か会えば、どんな人間かはわかってくるが、初対面ではなかなか見抜けない。

そんな時に役に立つのが、非言語コミュニケーションである。どんなに信用ある人物のようにふるまっていても、それが本心かどうかは、相手のしぐさや動作、言葉などを観察すればわかってしまうのだ。

便宜を図ってもらう時だけ相手をおだてたり、うまいことを言って相手を利用しようとしている人は数多くいる。そんな人は、行動が伴っていないのですぐわかる。相手の言葉が本心かどうかを知るには、行動を見るだけで十分である。

また、「目は口ほどに物を言う」というように、人の心の動きは、表情やしぐさ、動作などに表れる。

たとえば、座り方。相手がこちらの話に強い関心を寄せている時は、できるだけ聞き漏らすまいと前かがみになる。

逆に無関心な時は、身体を後ろにそらしたり、しきりに脚を組み替えたりと、退屈のサインを示す。

次に、手の動きだが、身体を後ろにそらせて腕組みをしているのは、警戒心を抱いている証拠。腕組みには自分の領域に踏み込んでほしくない、自己防衛的な心理が働いている。

それとは逆に、相手を歓迎しているサインは、両手を広げ、手の内側をこちらに見せている姿勢。会話中、相手の身体に触れるのは、好意を持っている証拠だとみていい。

ウソをついている時のしぐさでは、目をそらす、動作や目の動きに落ち着きがなくなる、顔をこする、額に手を当てる、鼻をこする、手を口のそばに当てるなどが挙げられる。

では話し方ではどうか。本心を見抜く方法の一つに、「間違い」と「忘れ」がある。

約束を忘れていた、日時を間違って伝えてしまったというのは、日常よくあることだ。言い間違いや書き違い、読み違い、度忘れなど、さして気にも止めないような「しくじり」が、実は大きな意味を持っていることが少なくない。

心理学者フロイトは、こうした言い間違いや記憶の喪失などを「失錯行為」と呼び、偶然ではなく、正当な行為であるとしている。

うっかりミスは、無意識の願望の抑圧に失敗した結果であり、意図されていた行為に取って代わっただけだというのである。

彼が挙げた数多くの実例の一つに、会議で開会を宣言しようとした司会者が、「開会します」と言うところを、「閉会します」と言い間違ってしまったケースがある。

フロイトはこれを「早く終わりたいという無意識が作用して、ついポロリと本音が出てしまったのだ」と解釈している。

人間はまた、不快なこと、自分にとって都合の悪いことは、無意識的に忘れようとする。人が約束を忘れるのも、その人の心の奥底に「そうしたくない」という願望が潜んでいるわけだ。

このように、相手のシグナルを注意深く観察することで、ホンネが推測できる。

相手がたびたび自分との約束を忘れたり、同じことで繰り返しミスをするようなら、そこには抑圧や忘却の心理が働いているわけである。

タテマエだけでは表面的な人間関係しか保てない

76 仕事以外では対等な人間として相手の意見も尊重し、立場も考慮する時には自分の弱みを見せるのもいい

「今の若い人たちは何を考えているかわからない」

経営者や管理職たちは、そう思っている。しかし、彼ら自身が、タテマエ的なモノの言い方しかしていないことが多い。飲みに行っても会社の話、プライベートなつき合いはせず会社で顔を合わせるだけ。定年退職を境に、音信不通になったというケースがいい例だ。ビジネスでは、職業的な役割を演じることが求められる。上司は上司らしく、部下は部下らしくふるまうことを要求されるわけだが、仕事以外でも「タテマエ」でしか接しなければ、うわべだけの関係しか保てない。

相手とのコミュニケーションを円滑にするには、やはり本音で話してみることも必要だ

ろう。最初は警戒心を抱いている相手でも、こちらがありのままの姿であることを示した上で本気で話せば、本気で聞こうとするはずである。

逆にどんなに巧みな言葉を使っても、嘘やタテマエはすぐに見破られるので逆効果。

仕事以外では、対等な人間として、意見や考え方などを率直にやりとりしてみるといい。相手の意見も尊重し、相手の立場も考慮する。わからないことは話し合い、わかることは一致点を見出す。時には、自分の弱みを見せるのも効果がある。

スキのない人間より、弱い部分を持っている人間の方が、親しみをもたれるものだ。自分を信用してくれているから、話してくれたのだなと思い、相手も悩みを打ち明けるかもしれない。そうした会話が互いの心理的距離を縮めていくのだ。

部下には弱みを知られたくないと、本音を見せたがらない人がいるが、それでは部下もタテマエの顔しか見せない。このような上司は、信頼されないし、支持されることもない。

相手の心を知るには、きるだけ会話する機会を多く持つこと。本音で話し合うのである。

相手と親しくなりたかったら、小さな頼みごとをしてみるのもいい。

77 相手に「小さな頼みごと」をせよ 親しくなるきっかけになる
「小さな頼みごと」は親しくなるきっかけになる

「他人さまに迷惑をかけるのは嫌だ」「頼みごとは絶対したくない」とばかりに、何でも自分で抱え込もうとする人がいる。誰かが手助けしてあげようとすると、それを突っぱね、何がなんでも自力でやろうとする。真面目で、しっかりしていて、周囲に迷惑はかけないかもしれないが、あまり親しみは感じられない。人間は抜けていたり、多少いい加減なところがあった方が好かれる。欠点や失敗を見て「自分と同じだ」と思い、安心するのだ。


「課長。ここのところ、わからないんですけど……」

「またか。こないだ教えただろうが」

「すみません。物覚えが悪いもんで」

「お前、ほんとに頭悪いね。いいか、これはな……」

どの会社でも、これに似たやりとりは交わされているに違いない。ドジで間抜けで、失敗ばかりするが、どこか憎めない人がいるものだ。上司や周囲の人は、またかと思いつつも、結局手伝ってしまう。「手のかかる子ほど可愛い」というが、職場で好かれているのは、案外こんな人だ。

生真面目な人から見ると、「どうして他人に迷惑ばかりかけている人間が、可愛いがられるのか。不公平だ」と内心憤りを感じるかもしれない。しかし、人は誰かを助けたり恩恵を与えると、自分が助けた人に対して好意を持ってしまうのである。

何か頼みごとをする時は、やはり信頼のおける人に頼むだろう。裏を返せば、他人から頼まれ事をされるのは、相手から信頼されているということなのだ。

ことに相手が年上で、もっと親しくなりたい場合は、相手の負担にならない程度の、小さな頼みごとをしてみてはどうか。その際は、信頼しているから頼むのだということを相手に示す。小さな頼みごとでも、相手に重要感を与えるような頼み方をするのが効果的だ。

78 人との出会いの場を増やせ そうすればより多くのチャンスがつかめる

出会いの場を増やせ

より多くのチャンスをつかむには、やはり人との出会いの場を増やしていくことだ。良い人間関係を保つ秘訣として、次の六つのポイントを守ることが必要になる。

① 相手に関心を持つ――自分の話ばかりして、相手の話にまったく関心を示さない人がいる。これでは、相手を退屈させ、敬遠される。人は誰しも、自分の話を聞いてほしい、自分の気持ちをわかってほしいと思っている。

できるだけ聞き役に回り、こちらから質問したり、相手の悩みなどを聞くようにしよう。いつも相手のことを気にかけていれば、相手も自分に関心を示してくれる。

② 相手の立場を考える――人はそれぞれの立場がある。相手の立場を無視して、自分の

立場を優先したり、意見を主張したりすれば、反感を招くだろう。たとえビジネスがらみのつき合いでなくても、相手が自分に何を求めようとしているのか、出会いをもっとプラスにしていくためには、どうすればいいかを常に考えることだ。相手の期待を察知したら、なるべくそれに応えようとすれば、相手もそれに応えてくれるはずだ。

③　相手に敬意を払う――相手に関心があることを示すのに最良の方法は、相手の話を聞くことだ。次に会った時、「そういえば、こないだこうおっしゃっていましたけど……」と切り出して、相手に話の主導権を渡すのもいい。興味深く聞く態度を示すことによって、「あなたのことは、自分にとってとても大切なことだ」という気持ちを表現する。

④　相手の良いところをほめる――どんな人にも長所・短所はある。いいと思ったところはどんどんほめてあげよう。人は誰しも、ちょっとしたことをほめられると嬉しいもの。相手に何かをしてもらう場合は、相手に期待しているという気持ちを示した方がいい。

⑤　自分が間違っていた時は、素直に認める――意見が食い違った場合、相手の間違いを

真っ向から指摘すれば、相手もまた批判的な態度を示すようになる。叱る時も、人前で相手を責めるのはもっとも反感を持たれる。

相手の意見に耳を傾けたあと、自分の意見を率直に述べた方がいい。自分が間違っていた時は、素直に認めることである。

⑥ 誠実さを心がける――約束を守ることは人間関係のルールだ。万が一、キャンセルせざるを得ない事情が出来たら、すぐに理由を説明し、詫びること。

無責任な行動や、義理を欠いたふるまいは、信用を失うことになる。

79 さまざまな人との出会いが、自分を向上させ幸運を導く 必ずチャンスが訪れる メンテナンスを忘れずに

多くの人と出会えば、自分と考えや価値観の異なる人も出てくる。人はどうしても、自分と親しい人、考えや価値観の似ている人と一緒にいたがるものだ。

しかし、それでは人間的に成長はしないし、発展もしない。やはりさまざまな人との出会いが、自分を向上させ、幸運に導く。

また、出会いをさらにプラスにするには、その人たちとの関係を長く維持していくことが大切である。

自分と異なる人間と多く出会えば、考え方や価値観が違う人は必ずいる。意見が合わないことで、時には不愉快な思いをするかもしれない。

しかし、本来、人間は多面性を持っています。多くの出会いを経験すればするほど今まで気づかなかった自分の一面が見えてくる。そしてまた、人を見る目も養われる。

違うタイプの人間と一緒にいることは、自分をより客観視できるというメリットがある。自分はどういう人間で、どんな考えを持っているのか、他人の目にどう映っているのか。気の合う友人とばかり一緒にいると、そうしたことはわからないものだ。また、いつも会っている人間とはどうしても会話がワンパターンになってしまう。

さまざまな人と出会うことは、新しい情報やアイデアなどを仕入れる絶好の機会だ。自分と異なる人間を受け入れ、相手の話を聞いているうちに、心が広くなる。人としての器と言い換えてもいい。余裕が生まれれば、些細なことで感情的になったり、不愉快になったりせず、大らかな気持ちでいられる。

自分と気の合う人としか一緒にいない人は、「自分に合う人・合わない人」または「好きな人・嫌いな人」を判断基準に相手を選ぼうとするので、いつまで経っても自分を客観視できない。小さな器しか持てず、チャンスにも巡り合えない。

最近、周囲の人たちとの会話がマンネリ化してきたな、と思う人は、勇気を出して人の輪の中に飛び込んでいくことだ。相手と意見が違っても、「それはおかしい」などと頭ごなしに否定せず、「こういう考え方もあるんだ」「ここは良いところだから、自分も見習おう」というように、プラス思考でいれば、自分自身が成長し、豊かになれる。

素晴らしい人、良い人と出会った時は、その後もこちらから積極的に連絡を取るようにしよう。電話が迷惑なら、手紙でもEメールでもいい。大した用事がなくても、定期的に連絡を入れ、相手との関係を維持しておくことです。人と人との絆は細くて切れやすい。一時は親しくつき合っていた友人ですら、連絡を取り合わなければ、それきりになってしまうこともよく起こる。

こまめにメンテナンスをしていれば、どんな忙しい人でも、あなたに関心を持つ。今度また会いましょうか、となるかもしれない。どこでどんな運が転がっているかわからない。多くの人脈を持つことは、一つの自信にもつながる。

人間的に成長し、人脈を増やすことで、必ずチャンスは訪れる。

80 日々の生活の中に喜びや生きがいを見出せ 自分が幸福になる。その幸福を他人にも分けてあげられる 自分も人も幸福にできる人が「運のいい人」だ

アメリカの社会評論家デール・カーネギーはいう「今こそ『人生』というすばらしい冒険をこの地球上で行える、唯一の機会である。だから、できる限り豊かに幸福に生きる計画をたて、実行することだ」と。

「幸福になりたい」「もっと充実した人生を送りたい」

そうした願いをかなえるためには、どうしたらいいのか。今何が不足しているのかを見つけることが先決だ。今の生活に満足しているのか。自分にとって何が一番大切か？　自分の正直な欲求を知り、それを満たす方法を考えるのだ。

仕事で成功する、理想の相手と結婚する——、それらの願いがかなえられれば、充実感

や幸福感は持てるかもしれない。だが、その状態は死ぬまで続かない。本当の幸福とは、その人が一生のうち、どれだけ幸福感を味わえたか、ということではないだろうか。物質的に豊かになっても、不幸だと感じている人もいれば、困難な状況でも希望を持ち、幸福だと感じている人もいる。

人間に幸・不幸をもたらすのは、あなたが何者で、どんな生活をしているかではない。あなたがどう考えているかである。環境は変わらなくても、自分の内面を変えることで、あなたの周囲の環境は変わってくる。

希望や目的を抱き、それに向けて挑戦しようとする人は、その間も充実感を得られる。日々の生活の中に喜びや生きがいを見いだせば、毎日を充実して過ごせる。そしてまた、他人を思いやれる心のゆとりもできる。自分が幸福になり、その幸福を他人にも分けてあげられる。それが、もっとも幸福であり、運のいい人といえるのではないだろうか。

運のいい人の習慣

著　者　　樺　旦純
発行者　　真船美保子
発行所　　KK ロングセラーズ
東京都新宿区高田馬場 2-1-2　〒 169-0075
電話（03）3204-5161（代）　振替 00120-7-145737
http://www.kklong.co.jp

印　刷　（株）暁印刷　製　本　（株）難波製本
落丁・乱丁はお取り替えいたします。※定価と発行日はカバーに表示してあります。
ISBN978-4-8454-2372-9　C0030　Printed In Japan 2015